學姓名學這本最好用

黃恆堉、呂偉嘉◎著

推薦序

林錦洲 老師

人有人名，地有地名，動、植物均有其名。

有人說：姓名只是人的代表符號而已，但根據統計分析，姓名對於人的健康、性格、運勢影響很大。因此，凡人自呱呱落地後，其父母、長輩或自取名，或央請名師取名，目的都是為了替家裡的新希望取個吉祥如意的好名。

「趨吉避凶」乃古聖先賢一再耳提面命的，吉名能增福添祿，凶名會招煞引禍也是眾所周知的。坊間，各家姓名學派別甚多，書籍更是琳瑯滿目，要一一學習，除了所費不貲，更是曠日費時。

黃恆堉老師本著對五術的使命感，不辭千辛萬苦，用心學習各名家秘傳之姓名學，綜合出版本書，讓有心研習姓名學者，能在最短的時間內，用最少的花費學會「五行格局筆劃姓名學」、「三才五格姓名學」、「十二生肖姓名學」，並且配合占星術、出生日、星座，探討個性、人際關係，以便有福報的讀者們，都能替自己或親屬論斷姓名吉凶或取得可心想事成、福壽雙全的良名。

本書可說是集姓名學精華之大成，擁有本書如同聘得各家名師為顧問。熟讀本書並融會貫通，您也是姓名學專家了。　祝福您。

中華民國奇門學會　常務理事
彰化縣命理人際管理學會　顧問
吉發堂奇門開運中心 **林錦洲**　老師　乙酉年蒲月謹序於豐原
服務處：台中縣豐原市中正路657號
電話：04-25297522

自序

自從十幾年前學習姓名學以來，拜學多位老師，也接觸許多姓名學的門派，期間收集了許多資料，深覺姓名學門系甚多，各門各派的姓名學都有其精確度，論法雖有很多種，變化也巧妙不同，但各派唯一相同的是，不脫離陰陽、五行、數理及自然法則，既然大夥所遵循的原則一樣，那各種姓名論斷或命名技巧就有其共通之處，為什麼姓名學能造成風行？因為簡單、明瞭，解釋符合人生際遇，喜、怒、哀、樂均能從姓名中看出的緣故。

既然姓名學有眾多派系，理論架構變化也很大，為什麼會有大師級的人物出現呢？(知名度)

依我個人了解，論命最大不同就是命理老師的論斷技巧。論斷風格，以及論斷經驗。

從事論命工作以來有太多人問：一個人的名字到底影響人的一生有多大？依我個人淺見大約只佔人生命理10%左右，以百分之百之命運學來區分各種命運流程所佔之比例：

1.「天時」：個人八字(出生時辰)，佔40%。

2.「地利」：陽宅、環境、工作等，佔30%。

3.「人和」：人際關係及各項命理學說，佔30%。

由上述的統計可知：命不能改的部分佔40%左右，但有60%是可以改變的，俗稱「運」，那姓名好壞只是佔「運60%」中的10%左右。所以有人要問，到底需要不需要改名？改名有效嗎？

站在學命理的角度上我應該回答說：有一點效果，因為改名就等於改變內心的環境，一旦改名後就得重新去適應新環境，所碰到的舊識無疑也會訝異的讚美一番。

但在這裡需強調一點，如果想改名的朋友，您在心態、觀念、個性上不跟著一起改變的話，那改名的效果雖不至於失望，但成效卻是極為有限。

近幾年來常常逛書局，在命理區的書籍上，發現姓名學的著作是所有五術書籍中最多老師出版的，原因很簡單，因為有市場嘛！據內政部統計每年約有二十萬新生兒出生，再加上每年改名或命公司名的人口大約也有二十～四十萬人次，所以這門學問有很大的需求，難怪有那麼多老師願意出版姓名學的書籍。

沉且在五術命理書籍的種類中，姓名學是最容易學習的，所以自然能吸引準爸爸跟準媽媽們或需要命名的人買幾本回家，DIY自己命名一番。

但由於姓名學之派別眾多，有的沿習舊傳統學說、有的自創；有的深奧、有的簡單，讓想自行學習的讀者很難判斷到底那一本才是最適合的。

在此提供選購的最簡單原則：一、簡明易懂。二、書中所論述的學理有原則、有根據。三、能很簡單就找到答案。四、自行DIY印證準確度。

以上四點是快速掌握好書的關鍵。

依我個人所學過的姓名學有好幾種學派，例如：

- ◆熊崎氏八十一數理吉凶姓名學
- ◆三才五格互動法姓名學
- ◆補八字法姓名學
- ◆十二生肖姓名學
- ◆陽宅四格姓名學
- ◆九宮流年姓名學
- ◆天運五行派姓名學

◆十神姓名學

◆易經卦象姓名學

當然姓名學派不只上述幾種，但要命一個名字都要符合各派原理那是很困難的，所以命名的原則大約符合安三~四種學派的學理就堪稱不錯了。

恆堉在這本著作中就以目前姓名學說中的三大主流：熊崎氏八十一數、三才五格互動、十二生肖姓名學。根據這三種學說做一個最簡單且最有系統的論述。相信這種編寫方式最能符合初學者或命理老師來做查閱及閱讀，況且本書又附贈一套論姓名學的軟體，只要輸入生辰八字及姓名即可將本書的三種派別，按照其學理論斷出吉凶，讓懶得學理論或苦思不出姓名好壞如何判別的人，能一分鐘就得知姓名好壞吉凶，如要改名也可作為命名的參考，所以購買本書可說是物超所值ㄛ！最後希望本書能帶給各位有緣人更大的便捷，如有疏漏之處請來電指教。

最後感謝

林錦州老師、張凱楠老師加以編修內文

王永棋先生、許秀美小姐、蔡宜鈞小姐、JANE加以潤稿及校正，在此感謝

於2005.8月

黃恆堉
呂偉嘉

目錄

姓名學人生規劃軟體安裝說明

電腦開至WIN95或WIN98或WIN2000或XP的桌面上，

將軟體放入光碟機中會自動起動或按光碟檔案中AUTORUN執行。

1. 會出現姓名學規劃書（試用版）後按繼續。
2. 出現名稱和公司資訊，可輸入任意名稱後按確定。
3. 確認名稱、按確定。
4. 出現按裝位置後按確定。
5. 請按姓名學規劃書所有檔案，上四方形電腦圖示之按鈕。
6. 看到程式群組後按繼續。
7. 最後會出現安裝完成後按確定。
8. 此時軟體捷徑已自動產生在桌面上了。
9. 直接到桌面點選進入姓名學軟體。

謝謝指教

吉祥坊易經開運中心

不會安裝請電TEL：04-24521393

本書附贈的姓名學軟體功能解說

以下有打◎均可使用預覽及列印姓名學命書且可使用半年（其他功能專業版才可執行）、有意購買專業版請洽0936286531或04-24521393 黃老師

西洋——星座先天磁場論命診斷區

◎一、八字命盤預覽與列印

◎二、由占星術看生命定數

◎三、由出生日期看個性與特性

◎四、由星座談個性及潛能

◎五、由星座來談人際關係互動

六、由星座來談情人及配偶間速配指數吉凶

各式姓名學派——論斷區

七、用五行局姓名學來論斷姓名吉凶

八、用三才五格及八十一數理來論斷姓名吉凶

◎九、用十二生肖姓名學來論斷姓名吉凶

十、用陽宅四格姓名學來論斷姓名吉凶

十一、用數碼靈動姓名學來論斷姓名吉凶

十二、用天運五行派姓名學來論斷姓名吉凶

十三、公司、行號、工廠名字論斷吉凶

一生、事業運與身體先天宿疾

十四、由姓名來看有可能發生的身體疾病

十五、由姓名來選最適合的工作及事業

今生今世命運走勢分析

十六、由八字及姓名論大運行運狀況

十七、用九宮姓名學論流年的行運狀況

十八、由八字及姓名論每個月的行運

電腦自動命名配（吉格）專區

十九、以熊崎氏八十一數理姓名學來命名，且加以解釋吉凶論述

二十、以三才五格數理姓名學來命名，且加以解釋吉凶論述

二十一、以天運五行三才五格姓名學來命名，且加以解釋吉凶論述

二十二、以十二生肖吉凶姓名學來命名，且加以解釋吉凶論述

二十三、以補八字喜用數理姓名學來命名

二十四、以總合上述學派姓名學來命名（可一次選用多派姓名學由電腦自動挑出最好的字），且加以解釋吉凶論述，（號稱人工智慧、萬無一失）

二十五、行號、工廠、公司自動命名區

電腦自動產生命名（吉格）及空白表格列印專區

二十六、A以熊崎氏八十一數理姓名學來命名

B命名空白表格列印、由老師自行填字

二十七、A以三才五格數理姓名學來命名

B命名空白表格列印、由老師自行填字

二十八、A以天運五行三才五格姓名學來命名

B命名空白表格列印、由老師自行填字

二十九、A以十二生肖吉凶姓名學來命名

B命名空白表格列印、由老師自行填字

三十十、A用補八字喜用數理姓名學來命名

B命名空白表格列印、由老師自行填字

三十一、A總合上述學派姓名學來命名

B命名空白表格列印、由老師自行填字

三十二、A行號、工廠、公司自動命名區

B命名空白表格列印、由老師自行填字

各派姓名學共用資料專區

三十三、八十一數簡易表格查詢區

三十四、各人天運五行簡易查詢區

三十五、十二地支、刑、沖、合、害簡易查詢區

三十六、常算錯之筆劃及部首查詢區

三十七、命名吉數組合一覽表

三十八、男、女命名忌用字庫

三十九、各姓名學派命名原則

四十、各姓名學派命名法條

四十一、命名的步驟

本中心之命名方式採用多種學派取名，由電腦挑選再加人工篩選絕對最精準，也最能符合各學派理論，各位親愛的讀者如果需要本中心命名或取名，一律九折優惠

如果需要將專業版軟體帶回家也請來電洽談。

第一章

如何知道自己的「優」「缺」點

這是一份最精準、最明確的算命公式表格

你要知道你目前的命運嗎？請將本題目做完，將可一目瞭然

診斷題目：我的目標與實踐

所謂的好命，應該是以下「八大項目標中」能得到較高的分數才堪稱是命好，在未詳細探討命運學前，請用客觀的心態來檢閱你；人生八大目標，依你目前的年齡、回顧過去人生八大項目標中，本身的投入度、關心度、圓滿度、實踐度，請照實情及實際狀況標上記號。

相當滿意：5　滿意：4　尚可：3　不滿意：2　很糟糕：1
每項評量做上記號後，把記號連起來，看看他們是什麼樣的圖形。
目標共分為八大項——事業、健康、理財、家庭、社交、進修、心靈、休閒。

生命八大目標

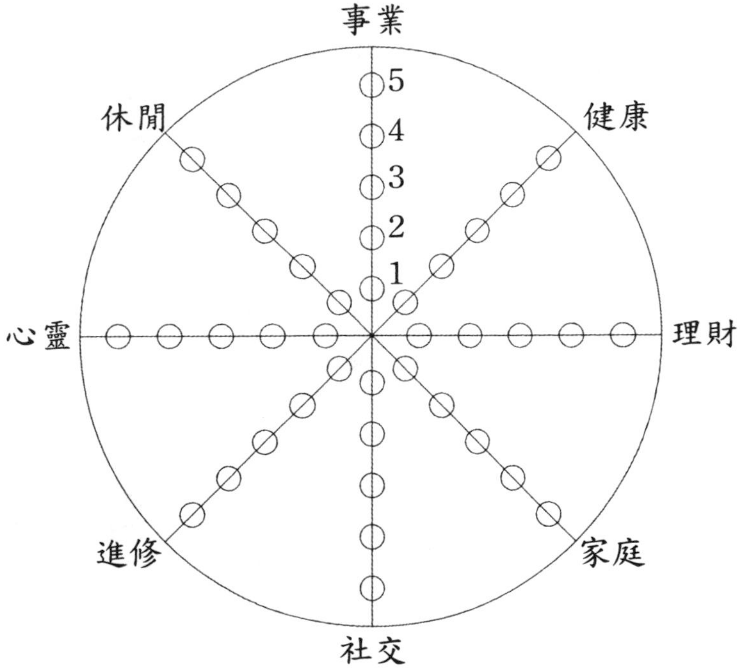

◆如果圖形愈圓表示你在人生的處事方面，屬面面俱到型，比較圓融，命運會比較好。

◆如果圖形愈靠外面表示你在人生的命運方面，屬命好理智型，而且沒白活，恭喜你。

◆如果圖形愈凹的部分表示你在那個項目不夠努力，比較欠缺，如果要改運就必須針對那個項目。

◆做修正，每半年做一次檢查，等圖形趨於圓滑表示改運成功了。

要改變命運就必須將凹缺的部分補圓，人生才會圓融，圓滿。

第二章

運用出生日期來診斷個性

每個人的出生日期有的相同，有的不同，請先用以下條文之解說來檢視你的個性及特性。注意用國曆生日作基準。

下列是各人出生日的主要性格特徵：

1日出生的人

為首領數，行事比較獨斷獨行，喜歡指揮他人，不喜歡聽人指揮或勸告，希望能得到平等的待遇。

2日出生的人

為人和數，為人不積極，個性顯得比較倚賴，創業喜歡有合夥及夥伴的關係，較敏感，辨識能力強。

3日出生的人

為公關數，人緣不錯喔！一生擅長逗人開心，喜文學，愛好藝術，做事喜歡引人注意。

4日出生的人

為安定數，一生中所追求的是渴望安全和安定，沒有具體與事實證據不輕易接受新觀念，不願有所改變。

5日出生的人

為量數，個性是樂於探究新觀念和結交新朋友，一生渴望享受人生，因此會排斥一切形式的控制或限制。

6日出生的人

為服務數，一生樂於照顧他人，心地好，享受被他人需要的感覺，總認為人生以服務為目的。

7日出生的人

為沉著數，凡事深入思考型，對事情會質疑，因個性獨立所以喜歡獨力解決問題，但是也有溫吞、懶散的一面。

8日出生的人

為追求數一生致力以發展為理念，以求獨立和改善生活，有時經常高估自己的能力，為求成功不擇手段。

9日出生的人

為服務數，特性是具人道主義，做人風趣又具創新，很得人緣，樂於助人但不知適可而止。

10日出生的人

是一個自信但不自傲之人。必要時願意追隨別人，但有時自私自利，除非心智成熟才能克服自私的天性。

11日出生的人

喜歡對別人鼓動或鼓勵並給他人靈感，總是覺得自己有內涵、有能力啟發他人。但不發揮天賦的話，會顯得倚賴、灰心喪志。

12日出生的人

是一個非常有原創力，且具雙重性格的人，因此人緣極佳。切莫經常壓抑心裡真實的感受，否則一旦爆發，後果堪慮。

13日出生的人

是個做事認真、懂得上進的人，慧眼獨具，能在絕處創造希望。個性看似獨立，其實相當情緒化，要藉外力才會快樂。

14 日出生的人

一生熱中發掘新觀念、尋找相關資料，以便精益求精。如果常流於享樂，一生便會一事無成，特色是感官十分發達的一個人。

15 日出生的人

為人獨立但不孤僻，喜歡以自創的角度去教人解決問題，是一個可請教的貴人。

16 日出生的人

思慮縝密，對新奇或不尋常的事物著迷，尤其是與健康養生或美好生活有關的事物。

17 日出生的人

常喜歡一個人靜靜思考，強迫自己達到高標準，因此給自己很大的壓力。

喜歡接觸有潛力的人、事、物。懂得以各種方式解決問題、獲得成功，但解決之道有時不實際。

18 日出生的人

一生中樂於助人，但助人時卻會產生奇怪的感覺。願意無條件付出，也好幻想，可是又希望自己能務實一點，完全掌握局勢，兩者之間極難調和。

19日出生的人 為人喜歡當主角，助人時心裡感到很快樂。但有時過於驕傲，變成白日夢·但到最後總都能恢復理智。

20日出生的人 是一個細心、體貼的人，不喜歡獨來獨往，遇事寧可別人帶頭，自己則跟隨在後。然而有朝一日做主的時後，也能展現極佳的解困能力，對細部的地方會相當注意。

21日出生的人 是一個喜歡取悅他人，且常引人注意的人。真是不鳴則已、一鳴驚人，很適合公關工作。

22日出生的人 常常顯得精力過剩，擅長建構與組織，具有經營企業的本能，是一個不可多得的生意人。

23日出生的人

為人崇尚自由，然而對自由的定義有自己獨到的看法。一生中很有創意，能舌燦蓮花，不喜歡受拘束。

24日出生的人

這個人對家庭、愛情等人際關係十分在意，是解決問題的能手，創意雖不足，但善於開發，使之更周全，更實際，時常會有新的提議。

25日出生的人

靈性高於一般人，喜歡思索，敏感度高，經常分析以求完美，凡事講求真理。自然喜歡與人親密交往，獨處也能怡然自得。

26日出生的人

為人看似親切、樂善好施，實則暗中謀利。為了表現出和藹的樣子，經常壓抑自己的感受，到最後反而付出極大的代價，值得嗎？

27日出生的人

喜歡講求人性，充滿幻想，但頭腦非常清晰，能遠離災禍，通常無視於自己的潛力，常常落入感情的陷阱。

28日出生的人

擁有權力慾和領導力，能隨情況需要採取溫和或強悍的手段。一生中需要與他人共事，並有本領脫穎而出。

29日出生的人

為人天生風趣，才華橫溢，靈思像泉湧般永不止息。助人和娛人的方式令人感動。經常有人求助於他，而他也欣然伸出援手，但倚賴的個性使生活招致挫折。

30日出生的人

雖理想化但能樂觀進取，能娛樂眾人，但不願過度引人注目，然而有人注意也會暗自得意。執著於高標準是其的個性。

31日出生的人

是一個多才多藝的人，能運用創意使運勢穩定並且正常運作而得到成功。個性堅強・樂於和他人分享，是一個不錯的人。

第三章

善用「星座特性」了解人際互動話術

在人跟人的交往互動中，如果能事先了解一個人的特性，那在人際互動上就會覺得很討人喜歡，以下就是各種星座之特性，請你好好記一下。

第一節　水瓶座的人（國曆01．21～02．19日出生）先天特質

1、最容易和陌生人打屁：可由他們那裡得知許多新知識，很能夠引起我的興緻。

2、時常換工作：工作了一陣子又發現這不是我人生的目標。

3、為人很固執：你們是懂得啦！別問那麼多。

4、為人很慷慨：對我在乎的人，會顯現出特別的大方。

5、最有自信的人：我相信自己的判斷力錯不了。

6、很有個人風格：既不ＳＰＰ、也不ＬＫＫ。

7、看來最不修邊幅：這樣挺好的啊！有什麼不好。

8、喜歡沉思：我對我所陌生的事情都感興趣，也願意花時間去探索。

9、在性方面最開放：性對我來說，就像一項實驗，沒什麼不好意思。

10、創意不錯的人：時常有天馬行空的奇想。

11、最多怪問題：喜歡用邏輯的方式來思考問題。

12、實在很愛錢：我是那麼脫俗高尚的，怎麼會愛錢呢?!

13、會有悲觀的想法：從不相信人是為了享福才來這個世上的，人生本來就是辛

苦啦！

14、最不安於室：總是有很多理由，必須多出門探索整個宇宙的奧秘。

15、我行我素又怎樣：最討厭禮俗及制度的約束。

16、很情緒化：感覺不對了、就會發飆。

17、很不浪漫：一就是一，二就是二，不要那麼麻煩。

18、只會說不會做：我還有其他的事情要做，總是有太多理由。

19、在性方面敢說又敢做：事實就是事實呀！沒什麼好丟臉。

20、喜歡誇張衣服：我本來就是制度的破壞者。

21、只要我喜歡有什麼不可以：愛情是兩人精神層面的結合，空間距離不是問題。

22、最喜歡送小禮物：我想給你這個，這是我在國外買的水晶。

23、最機伶：往往有神來一筆的靈感及創意唷！

第二節　雙魚座的人（國曆02・20～03・20日出生）先天特質

1、很懂得察言觀色：每個人都說：我是天生的善解人意。

2、最大智若愚：我說我不知道，你就真的以為我不知道了嗎？那可不……

3、很能善解人意：你講的都很有道理，你說的我都了解。

4、最討厭吵架：我喜歡看到每個人都開開心心的，不要為了小事而吵架嘛！

5、會以柔克剛：我總是來軟的，可是每次都贏喔！

6、喜歡作白日夢：我也不知道為什麼，就是喜歡作白日夢。

7、很會撒嬌：這樣一來就會有回報，喜歡有人疼愛的感覺。

8、最不會拒絕人：只要不過分我都可以接受，我不想惹他生氣嘛！

9、最不怕被人拒絕：我就是那麼堅持，我哪有那麼容易就死心？

10、電話情人型：好像跟我說過電話的人都會情不自禁地愛上我唷！

11、總是有曖昧不明的關係：都可以啦！我也不知道耶！好像也滿喜歡的樣子。

12、天生演員的料：人生如戲，演什麼像什麼。

13、聊天室聊不完：我的感情與情緒需要抒發的管道，上網是不錯的選擇。

14、最會說謊：瞞一下就過去了嘛！人家演技一流呀！

15、最想嫁入豪門：因為這樣我才可以少奮鬥二十年呀！

16、處處留情型：營造「浪漫的氣氛」是我的天職。

17、最容易感動：最會因為連續劇劇情而流淚。

18、好相處型：天生很會做人，要是我得罪了她，她以後就不會幫我了。

第三節　牡羊座的人（國曆03・21~04・20日出生）先天特質

1、不會察言觀色型：想要怎樣就直說吧！暗示對我沒有用！有點白目耶。

2、別自以為是：別人怎麼跟我比，還有誰比我優嗎？

3、粗線條的人：就這麼辦吧！做了再說。

4、應該是很霸道：我已經決定好了呀！你不要再有意見。

5、天生愛吵架：我對！我對！就是我對，你想怎麼樣！

6、愛飆車型：我最快！我最厲害。

7、為人慷慨：這攤我請客。

8、愛情專一不花心的人：我不會腳踏兩條船，至少當我還愛著她的這一刻，我會很癡情。

9、具創意能力型：天真且有趣的創意難不倒我，能創意出很有趣的東西。

10、討厭人家遲到：不守時表示人格有問題，你不知道我是最沒有耐性的嗎？

11、就是我行我素：我討厭被約束的感覺，沒有自由寧願死。

12、不會說謊型：不知為何，一說謊就被拆穿，真不是說謊的料！

13、很會護短的人：你是你、我是我，少來啦！我才不讓你知道我家的醜事呢！

14、可能容易早婚：只要我喜歡有什麼不可以，你不知道我們做事很講效率的嗎？

15、最報喜不報憂：人生以快樂為目的，我不喜歡到處找人訴苦的。

16、最不怕拒絕人：因為我不想，就是不想，請別煩我！

17、最不會變老（在心態上）：因為我總是在第一時間主動吸收新資訊，所以我不會跟時代脫節。

18、思想最單純：我喜歡直接的東西，不要拐彎抹角。

19、喜歡向困難挑戰：有那麼難嗎？倒要看看，看有什麼是我辦不到的。

20、一生想控制人：為什麼不照著我說的做呢？真大膽！

21、最主動：通常有一顆熱情的心，我喜歡征服的快感。

22、最不會說謊：我通常有話就直說，我對你一點意思也沒有，真的！

第四節　金牛座的人（國曆04．21～05．21日出生）先天特質

1、就是沒創意：不想變化太多，一切就照著規矩來。

2、性觀念最保守：不要為了性而有性，我實在做不來。

3、很遵守制度：人家都這樣規定我們就照著做，這樣比較安全。

4、最固執：理由太多也沒有用，堅持到底，成功就是我的。

5、最戀舊：總是朋友一場，你好嗎？心裡總是放不下！

6、適合當研究人員：我是孜孜不倦的，喜歡研究東西。

7、很不愛吵架：吵架是一件煩人的事，能不吵架就把事情輕鬆解決掉啊！最好。

8、絕不花心：一心不要二用，不要說那些有的、沒的，我還得工作耶！

9、最不怕被人拒絕：一回生二回熟，三回就下手，有恆心一定會成功！

10、不會說謊：不習慣說謊啦！怕別人拆穿，說謊很花腦力耶！

11、適合當律師：我除了好辯以外，還能言善道，我蒐證的

功夫也是一流的。

12、很愛做菜：別人那有我行，誰都知道我是個美食主義者。

13、佔有慾強：我要的就要定了，我的就是我的。

14、有堅持到底的決心：我有的是時間跟你磨，守到最後就是我的。

15、很愛打電話：電話情人非我莫屬，隔著電話，對方比較難拒絕我的邀約。

16、最浪漫：金牛會給你所有感官的饗宴，猶如小說般的情節。

17、最愛用名牌：只要我喜歡，再貴都無所謂，我講究質感與時尚。

18、重視性生活：性行為是一種超脫的感受，沒有性的愛，總是讓人覺得欠缺了什麼。

第五節 雙子座的人（國曆05．22~06．21日出生）先天特質

1、喜歡和陌生人打屁：打屁有什麼不好，我就是靠一張嘴巴打天下的嗎？

2、時常換工作：我做膩了，永遠只做一種工作太無聊。

3、沒時間觀念：我們是約一點的嗎？我怎麼記得是二點？對不起！

4、很容易失眠：腦子動得太厲害的人會失眠，容意精神衰弱。

5、很油條：我哪有空去弄東弄西啊？
6、會蹺課：我對這門科系沒什麼興趣！
7、性觀念最開放：性對我來說，就像一個遊戲，沒什麼啦！
8、具創意的頭腦：全身充滿古靈精怪的幽默。
9、喜歡問些奇怪問題：我喜歡一些奇怪問題，這樣可以活絡我的腦筋，很好。
10、不喜歡待在家：家裡面有趣的事情很有限好不好？外面可精彩哩！
11、喜歡談情說愛：我會以天馬行空的敘事方式，保證讓對方崇拜。
12、適合當律師：我掰功一流，可以靠我的三吋不爛之舌打贏官司。
13、也適合當記者：我會想辦法會挖到我想要的新聞的。
14、最愛表現曖昧不明的關係：先說好聽的，先撒謊再說。
15、情緒化：我也不想善變哪！可是就是善變嘛！我也不想這樣嘛，但已經……很難過耶！
16、最適合做演員：就是喜歡表演，表演是我的天職。
17、喜歡道人長短：東家長、西家短是我的天性，要憋著不說
18、很會說謊：先胡扯一通再說，胡說八道對我來說很容易。

19、會處處留情：人生本就如此耶！多撒點謊，好玩哩！
20、「在心態上」不會變老：我還沒玩夠耶！一個人老是變來變去，還能老到哪裡去？
21、光說不練：我只有三分鐘熱度，無聊嘛！說說又無妨。
22、最機伶：往往有神來一筆的靈感及創意唷！
23、就是愛變換髮型：維持同一種髮型，很膩人耶！

第六節　巨蟹座的人（國曆06．22～07．23日出生）先天特質

1、最會察言觀色：不該說的時候，一定不會說，我都知道，只是不說罷了。
2、性觀念最保守：最看不慣別人亂搞，人家不喜歡亂來嘛！
3、很戀舊：總是朋友一場嘛！捨不得啊！凡是用過的都會捨不得。
4、怕被問怪問題：這個問題很奇怪，不要欺負人家腦筋不靈光啦！
5、很雞婆：我實在看不慣別人的作為，我好為你們擔心喔！
6、善解人意：我是一個很有耐心的人，我願意傾聽你的心聲。
7、不會表達：做比說還要簡單，「做」對我來說是輕鬆的，可是「說」卻是困

難的。

8、以柔克剛：只要我是認真的，每次都能得到我想要的唷！

9、最會撒嬌：會做人也會說好聽的話，更會主動疼愛對方。

10、最不懂拒絕人：我實在說不出口！心地太善良。

11、適合當領隊：我擅長照顧別人，而人們也都喜歡被我照顧。

12、很愛做菜：家事自己來，況且我要家人都吃得健健康康的。

13、情緒化：比較容易生氣，我覺得你這樣很討厭耶！

14、會早婚：我生來就是為了結婚而結婚的呀！

15、最喜歡道人長短：我只是聊一聊他們的事情罷了，沒什麼惡意。

16、最容易入戲：好感人喔！真是一個性情中人！

17、佔有慾強：我就是不喜歡跟別人分享愛情嘛！

18、很好相處：凡事好聚好散，如果我得罪了他，就會多一個敵人耶！

19、分手情絲斬不斷：我真的想太多了，真不知道現在有沒人來照顧他？

20、最愛計較：這麼小的東西賣那麼貴，不要買貴了才來後悔。

21、很敏感：旁人的批評會讓我感到很傷心。

第七節　獅子座的人（國曆07．24~08．23日出生）先天特質

1、不會察言觀色：誰知道你的葫蘆裡面賣的是什麼藥呀！有話請直說吧！

2、很自以為是：我很臭屁，人家說我很行，那是因為我真的很行。

3、最粗線條：好了，隨便啦！要求那麼完美幹嘛！就這樣決定了！

4、霸道：我說了就算，你不要再囉嗦。

5、愛吵架：你分明想跟我做對，有本事放馬過來！

6、怕麻煩：哎喲！那是什麼問題，我們可以不要討論這個好嗎？

7、最慷慨：到外面吃館子都由我付帳。

8、愛照鏡子：看我有多高貴，多有氣質呀！

9、就是有自信：我信自己，一切有我就搞定。

10、很有個人風味：我不俗氣，就是跟得上流行。

11、很守時：亂來，你不知道我很忙嗎？竟敢讓我等你！

12、適合當政治人物：就是愛現，看有誰比我更有群眾魅力呢？

13、不會說謊：我天生就不會撒謊，一說謊表情就不自然，真奇怪！

14、最會護短：有我在一切都會搞定，跟我有關的一切人、事、物都是最好的。

15、能提得起放得下：敢做敢當，錯就改過，可是面子要緊哪！
16、適合做演員：天生愛現的我，需要掌聲，需要觀眾。
17、有表演天分：看我的，有我一切就ok。
18、最浪漫：喜歡羅曼蒂克的感覺，追求異性時，他們就會真的很浪漫。
19、最喜歡拉風：流行、現代、品味、脫俗、跟得上時代，這是最基本的堅持。
20、愛用名牌：我的命格就是，只有尊貴事物，才配得上尊貴的我。
21、有控制慾：本老大說了就算，發號施令對我來說就如同行雲流水一般的自然。
22、愛變髮型：變化是一種潮流，變換髮型可以使我在眾人之前更加出色。
23、最講義氣：只要你忠心地跟著我，我是不會虧待你的。
24、最懶惰：一切等我睡飽了再說。

第八節　處女座的人（國曆08．24～09．23日出生）先天特質

1、沒創意：凡事按部就班來就沒事，而且要以安全為重。
2、很愛吵架：雞蛋裡挑骨頭，就是找機會吵。

3、性觀念最保守：我愛乾淨，性愛是一種麻煩的事。

4、最守法：不要違反既定的法治，這樣比較不會出問題。

5、雞婆：看到不合意，唉呀！你們就是沒有注意到這些細節，真是的！

6、最愛美：天生就是愛漂亮，看看是否還有哪裡不妥的地方？

7、不會表達自已：說出來的話跟心中不一樣，真煩。

8、適合當研究人員：對事情的判斷，我是精準的。

9、容易失眠：要求完美的人常失望，常失望就會常失眠，有時真的想太多了。

10、最準時：跟人約定時很少遲到，「精準」是我的座右銘。

11、最不會說好話：我是一個不會說謊的人，我根本不認為那樣就值得讚美。

12、很愛錢：我怎麼會愛錢呢?!我愛錢是取之有道唷！

13、有一點悲觀：會有那麼順利嗎?凡事得做最壞的打算。

14、喜歡講東講西：東家長、西家短的是我的特性，沒有辦法。

15、最不浪漫：個性比較被動、悶騷，不擅長表達，不喜歡去感受浪漫的情境。

16、可能會罹患憂鬱症：對事情抱持太完美主義者，快樂得起來嗎？

17、最會因為連續劇劇情而流淚：好可憐喔！一生中很容易感動呢！

18、有潔癖：看到髒亂真的很不舒服，因為我是個完美主義者。

19、愛打電話：很想掌控別人的行蹤，看看他現在在幹嘛？

20、愛計較：一就是一，二就是二，不要不清不楚，讓我算清楚一點。

第九節　天秤座的人（國曆09．24~10．23日出生）先天特質

1、善於和陌生人打屁：每個人都知道我們喜歡交朋友。

2、時常換工作：我想換到×××那裡去，聽說那裡真的很不錯。

3、為人最不守時：理由是人家打扮花了一點時間嘛！

4、最喜愛照鏡子：看看我多漂亮、優雅呀！

5、不喜歡吵架：我希望社會安定、世界和平。

6、最多桃花的星座：他愛我，而我也樂於讓他照顧，再說，你上哪裡去找像×××這麼有空閒的兩性關係呢？

7、不想上課的傢伙：嗯！人家約我去看電腦展，不好意思

拒絕嘛！再說，是很難得的唷！

8、最會以柔克剛：只要我換個角度，我和我的敵人做朋友，所以我少了一個敵人，多了一個朋友。

9、能散發熱情魅力：根據研究報導顯示，幾乎天秤座的俊男美女特別有異性緣。

10、不懂得拒絕別人：我希望大家都開開心心，並且如願以償！

11、最不會演壞人：大家可以好來好去，大夥兒做個朋友嘛！

12、好像容易早婚：我喜歡每天有人陪伴！這樣才不會那麼無聊。

13、最會和陌生人打屁：相交滿天下，才會處處受禮遇啊！因為到處交朋友嘛

14、想嫁入豪門：你忘了「優雅有氣質」是我的代名詞嗎？

15、愛處處留情：不能只因為我對異性好，就說我處處留情，人家喜歡交朋友嘛！

16、有潔癖：因為優雅、高尚是我的代名詞呀！

17、最有表演天分的人：天秤座本來就是很有表演天分的呀！還懷疑？

18、「在心態上」最不會變老：我有很多比我年輕太多的朋友哩！

19、最與人合得來：我才不想得罪人呢！得罪了人很麻煩的。

20、愛用名牌：也不是我喜歡名牌，只是名牌的造型比較高尚、優雅嘛！

21、喜歡送朋友小禮物（平常就喜歡送）：大夥而吃顆糖，甜甜嘴。有吃的一起來

22、喜歡和睦相處：不喜歡跟人家發生爭執，這太傷感情了啦！

23、好像有一點懶惰：事情不做，擺在那裡，又不會跑掉。那麼快做幹嘛

第十節　天蠍座的人（國曆10・24~11・22日出生）先天特質

1、很會察言觀色：天生就是要觀察人的，要逃過蠍子的雙眼可不容易？

2、也很固執：我的個性就是這樣，就是不信邪。

3、戀舊：既然我們曾經相識就是忘不了！

4、善解人意：你的快樂與憂傷，我都願意分擔，因為我們就是朋友嘛！

5、很容易失眠：好勝心強的人壓力大，因為我就是喜歡逞強，壓力大的人常失眠。

6、討厭遲到：我一向就是很準時，痛恨人家遲到，所以我自己也不能遲到。

7、有自信：一切有我就可以搞定，相信自己的洞察力。

8、有個人風格：我不流俗，就是喜歡走在時代的前端。

9、不花心：我是一個老實的人，沒有辦法同時愛那麼多人。

10、吝嗇讚美的人：最不願意說出跟心中不一樣感受的話。

11、喜歡問怪問題：太庸俗的話題本人也沒有興趣，我喜歡特別的東西。

12、很會撒嬌：喜歡羅曼蒂克的情境，喜歡和情人膩在一起。

13、討厭人家遲到：我沒讓你等，你卻讓我等，真差勁。

14、適合當電話情人：我很會掰，會讓所有打過電話來的人覺得值回票價。

15、會護短：我不會讓我的人受到傷害。

16、適合當記者：我天生就有敏銳的洞察力吧！

17、能提得起放得下：我一向勇於接受事實，沒什麼大不了的，勇於面對困難與挑戰！

18、會說謊：應該沒有人看得出來我是否正在說謊。

19、不怕拒絕人：不要就是不要，沒有人能夠勉強我！

20、有可能罹患憂鬱症：因為常常處在懷疑的狀態之下，當然會得憂鬱症囉！
21、有佔有慾：我不要太多，只要完整的一個，別人不要跟我搶。
22、有潔癖：看到亂實在受不了，我喜歡乾乾淨淨的。
23、講義氣：我的朋友不一定很多，但是只要有事，要我為他兩肋插刀都可以。

第十一節 射手座的人（國曆11．23～12．22日出生）先天特質

1、不會察言觀色：誰管你的心情好不好，誰管你心裡到底在想些什麼，誰管你啊！
2、很自以為是：本來就是這樣啊！還要改變什麼！
3、霸道：就是這樣，不要再囉嗦！
4、不守時：我忘了帶手錶耶！不知已經遲到了，抱歉、抱歉。
5、雞婆：我就是看不過去，那你想怎樣。
6、就是不修邊幅：怎樣，我就是這樣，怎樣，你也可以啊！
7、會蹺課：這堂課我不喜歡上，等我睡飽了再說嘛！
8、開放（在性觀念方面）：性對我來說，沒什麼嘛！只要喜歡就可以。

9、我行我素：我想怎樣就怎樣，我拒絕一切讓我厭煩的事。

10、適合當記者：喜歡新聞，追追追，我會靠我的力量讓正義抬頭的。

11、提得起放得下：沒了就沒了嘛，有什麼大不了的?!已經發生了，還能怎樣呢！

12、會和陌生人打屁：四海之內皆兄弟，大夥兒做個朋友嘛！

13、不怕拒絕人：只要我不喜歡，天王老子我也不怕，老子不爽，你聽到沒有？

14、光說不練：喜歡耍嘴皮子，我說過就忘了。

15、最有博愛精神：我是最有正義感的星座？

16、最機伶：我就是特別有靈感，只要有機會，可以隨自己的意思讓氣氛活絡起來。

17、最主動：該做的事不用別人提醒。

18、講義氣：朋友和美色當前的時候，我往往會棄美色而就朋友；美色再找就有了嘛！

19、懶惰：緊張什麼啊？天塌下來有別人頂著，有事慢慢來就可以啦。

第十二節　山羊座的人（國曆12・23~01・20日出生）先天特質

1、守規矩：只要按部就班一切就可搞定，這樣才會省事。
2、沒什麼創意：數十年如一日，不要有太多的變化，務實為上。
3、不會表達自己：人家都說我是二愣子，表達情感對我來說是有點難堪的。
4、很準時：一向都不會遲到！時間就是金錢。
5、想娶富家女：別說我喜歡攀龍附鳳，難道你不想？因為這樣就可以少奮鬥三十年。
6、不會說好話：我從不會說假話，我不喜歡像應酬一樣的讚美人。
7、自掃門前雪：那跟我有關嗎?!那可不關我的事。
8、悲觀：我不相信人生會有那麼精彩。
9、適合當政治人物：有誰比我更愛金錢及權謀呢？
10、最不怕被人拒絕：拒絕不算什麼，先得到再說，裡子永遠比面子重要！
11、不浪漫：浪漫真浪費時間，現實的人當然浪漫不起來。
12、有可能罹患憂鬱症：也許我就是想太多，我生來就比別人多一點憂鬱吧！
13、老謀深算：讓我們好好盤算盤算，我只不過是不想吃虧罷了。

14、一定會堅持到底：不想事情就這樣草草結束，事情總得有個了結。

15、愛打交友電話：找不到美女約會，所以藉由電話滿足想像空間也不錯啦！

16、最愛打屁：看到電話就有一種莫名其妙的喜悅？！我就是喜歡。

17、愛做不愛說，在性的方面：有什麼好說的，做了再說吧。

18、愛計較：你最好給我算清楚，吃虧可不是佔便宜，吃虧就是吃虧。

做完以上印證後，請記住（對方星座的人格特性）、以後有機會跟不同星座的人相處、我們就會有不同的相處話術、這樣一來對我們未來的人際關係會有很大的幫助喔。

第四章

十二生肖姓名學之原理及解說

坊間有那麼多種論斷姓名好壞的學說，就屬十二生肖姓名學最易學，也最能讓人欣然接受，這種論斷方式符合各種生肖特性，簡單、易懂，讓一般人能夠迅速了解自己的優缺點，以便做檢討改進。

本單元將各種生肖的特性、優缺點、應注意之事項，以及各生肖的可用文字、不可用文字，做一有系統分類，讓一般初學者或研究者能在很短的時間內，就能輕易診斷出姓名吉凶或者挑出各生肖的喜用字及忌用字，以便作為命名的參考。

俗語說：節省時間就是最大的收穫，本書及光碟最大的特色是能讓你節省寶貴時間。本書所搜集的生肖喜用與忌用字庫堪稱最詳盡，以十二生肖姓名學之原理只分喜用字或忌用字而不分筆劃數，但以中國人在命名時卻喜歡用筆劃吉凶來作依據，所以未來的命名原則大概不會只用一種姓名學派來命名，本書基於此原則在本章節就生肖分類，順便將各生肖喜用筆劃統計出以便搭配筆劃姓名學使用，請各位有緣人用心參考。

第一節　十二生肖姓名學派：論斷的重點乃依五大學術為依據

一、生肖學：依十二生肖的屬性及特性來分析。

二、拆字學：由文字中拆成上下左右來解釋意義。

三、造字學：乃依象形、指事、會意、形聲、轉注、假借六項法則來評論。

四、春秋禮數：敬老尊賢乃自古以來的禮數，哪些字有犯此禁忌須查明。

五、五行生剋：以字型之五行木、火、土、金、水間之合剋來論斷。

第二節　姓名的拆解法

要論斷姓名好壞之前必須要先了解如何拆解文字及論斷方式。

一般姓名可分；單姓複名、單姓單名、複姓複名、複姓單名。

※一、將姓名分為「**天**、**人**、**地**」三大部分：

「天」管長輩、父母、大環境方面。

「人」管兄弟姐妹、夫妻對待、內心世界。
「地」管子女、部屬、工作、財運。

◎再細分每部分為「陰、陽」二小部分。
姓或名字如果能拆成上或下邊、左或右邊，
上邊或右邊即代表陽，下邊或左邊即代表陰。

用拆字後字意來跟生肖屬性做對應，看產生之情況即為十二生肖姓名學之診斷公式及原理。

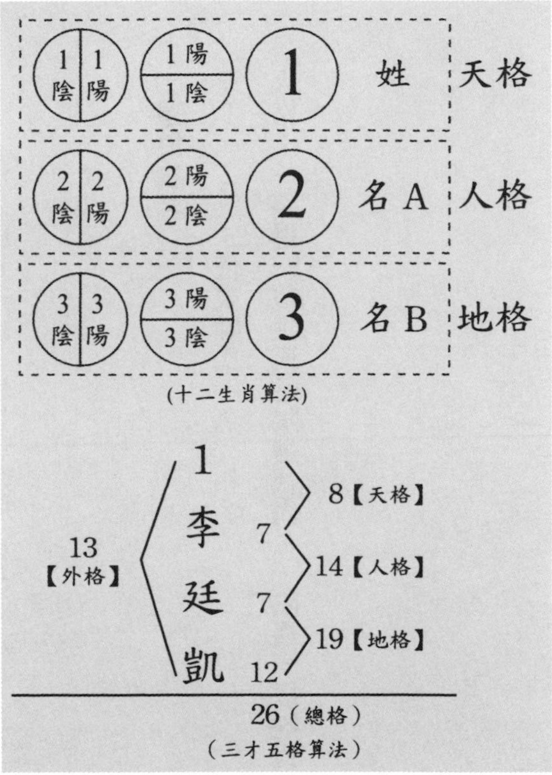

※二、以生年之天干、地支為主體，代表「先天」；以姓名的「天、人、地」每個字之「陰、陽」兩邊的「形、音、義、五行」為客體，代表「後天」。然後用主體與客體之生肖喜忌，配合五行生剋現象，即為生肖姓名學論斷吉凶之基本條件，並運用此原理來推論本命運勢的吉凶。

※三、姓名有「單姓複名」、「單姓單名」、「複姓複名」、「複姓單名」。

生肖姓名學乃將姓名區分為「天、人、地」三大部分，每部份再細分為「陰、陽」二小部份，作為推論的架構。

姓名的陰陽是左陰右陽、上陽下陰、內陰外陽，無法拆陰、陽兩邊時，整個字就是「陰」也是「陽」，例如：生、力、人、口等字。

◎單姓複名

※1、2、3代表姓氏、名一和名二：

天格：「陽邊」以姓氏的陽邊代表，「陰邊」以姓氏的陰邊代表。

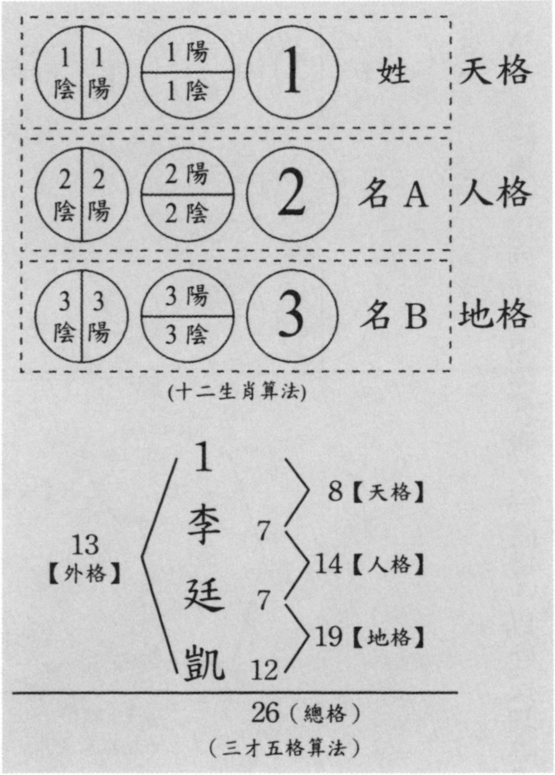

人格與地格同論：「陽邊」以名A、B的陽邊代表，「陰邊」以名A、B的陰邊代表。

◎單姓單名

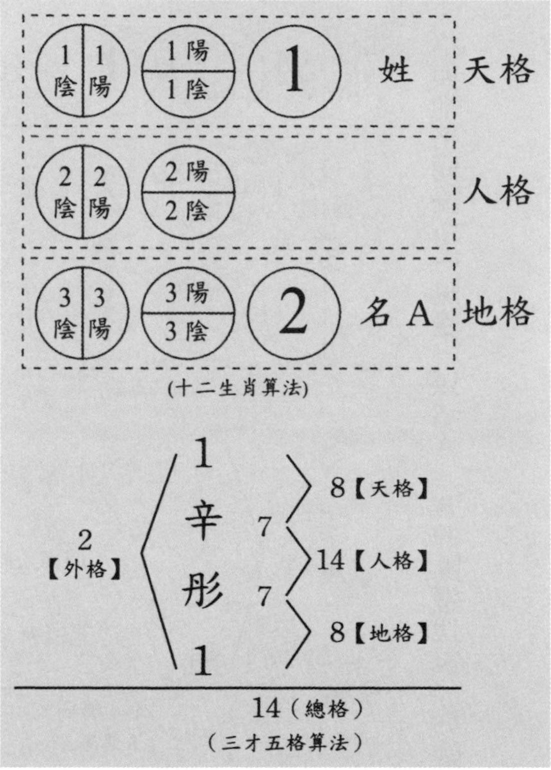

※1、2代表姓氏和名一：

天格：「陽邊」以姓氏的陽邊代表，「陰邊」以姓氏的陰邊代表。

人格與地格同論：「陽邊」以名A代表，「陰邊」也以名A代表名A要論人格與地格的所有種種。

◎複姓複名

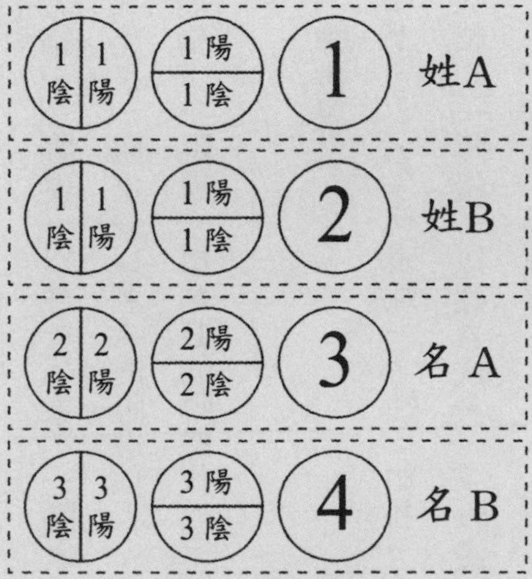

(十二生肖算法)

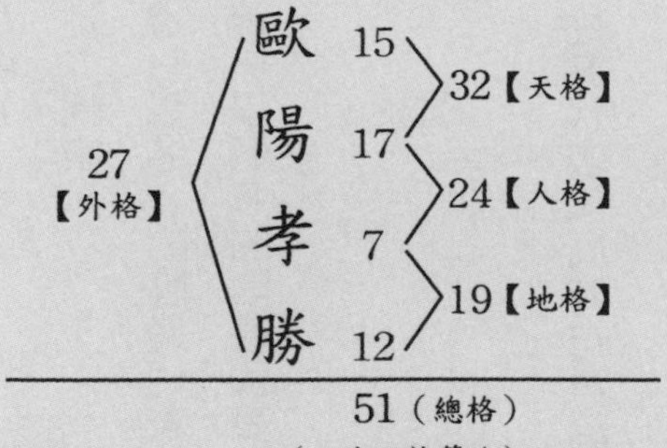

（三才五格算法）

※1、2、3、4代表姓A、姓B、名A和名B：
天格：「陽邊」以姓一代表，「陰邊」以姓二代表。
人格：「陽邊」以名A的陽邊代表，「陰邊」以名A的陰邊代表。
地格：「陽邊」以名B的陽邊代表，「陰邊」以名B的陰邊代表。

◎複姓單名

※1、2、3代表姓一、姓二和名一：
天格：「陽邊」以姓A代表，「陰邊」以姓B代表，同時可再論姓A(1)及姓B(2)的陰、陽情形。
人格與地格：「陽邊」都以名A的陽邊為代表，「陰邊」以名A的陰邊為代表。

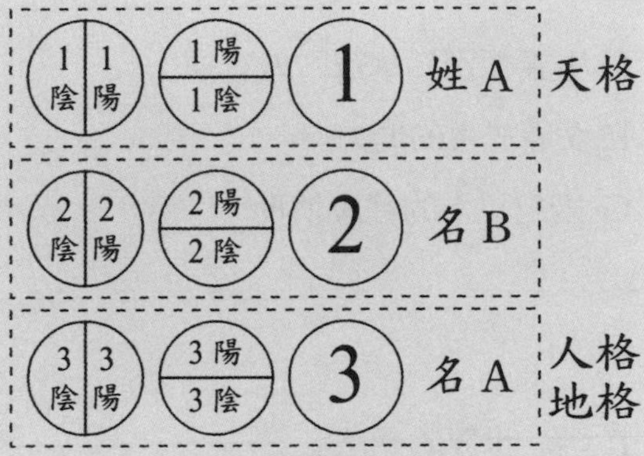

(十二生肖算法)

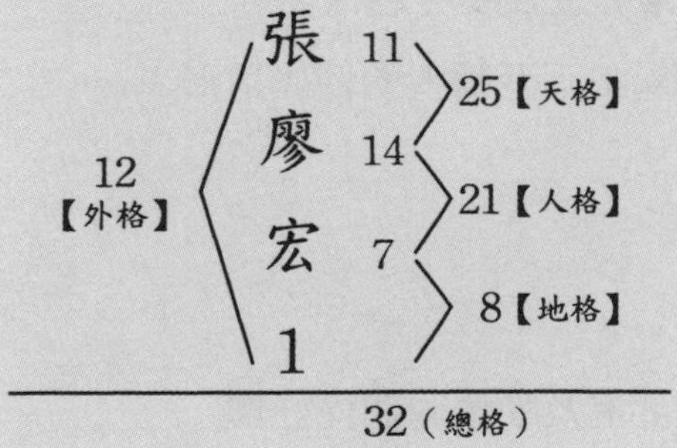

（三才五格算法）

姓名的天格、人格、地格各代表人生命運關係，以下表來區分

E 事業類別（拿筆、做官運） F 女看先生的助力 G 兩肩以上的健康情形
E 內心世界的想法 F 事業慾望強度（過程） G 兩肩以下至臍上的健康情形
G 與部屬及晚輩的關係好壞 H 性能力強弱指標 I 骨架、四肢、皮膚狀況解析 J 男人看妻子的助力 K 人生賺錢結果（留不留得住） L 肚臍以下的健康情形

程	姓（天格）	**天格，也就是姓，代表的是：** A 1～20歲大運指數 B 和長輩、長官、父母的關係 C 祖先德行高低 D 天資聰穎與否
翔	名一（人格）	**人格，也就是名字的第一字，代表的是：** A 211～40歲大運指數 B 夫妻間的情誼 C 兄弟姊妹情懷 D 人際關係好壞（男女朋友關係）
林	名二（地格）	**地格，也就是名字的最末字，代表的是：** A 411～60歲大運指數 B 事業及工作運 C 不動產之有無（福德） D 一生中有無財庫 E 脾氣的好壞 F 子女運（與子女關係的好壞）

第四節　如何開始論斷姓名的好壞呢？

以十二生肖來論斷姓名好壞可由以下幾點特性來做分辨。

當然還是以各生肖的原始屬性及特色來討論：

一、名字與該生肖的排行對或錯或喜不喜出風頭相符嗎？

二、名字與該生肖的食物是「葷食」或是「素食」相符嗎？

三、名字與該生肖喜歡野放或喜歡有家的感覺相符嗎？

四、名字與該生肖能不能太強勢或太漂亮相符嗎？

五、名字與該生肖平常生活環境適不適合其生長相符嗎？

六、名字與該生肖有沒有「三合」或「六合」或「三會」之貴人相扶持。

第五節　生肖屬鼠的特性解說及善、忌用字庫

你如果是屬老鼠，首先要了解老鼠的特性，才能了解名字的好壞。

老鼠喜歡披彩衣「變漂亮」或戴冠，得王及掌權，喜吃五穀雜糧、能得洞穴或得水或得木則屬佳，如又得龍、得猴成三合局，如得豬、得牛成三會局——名字中如有

符合下述條件者為好名

一、老鼠天生喜歡打洞又喜歡黑暗，以便作為藏身之所。所以名字中宜有「口」、「宀」、「門」、「戶」、「广」等字根，代表洞穴可安身立命，得「ㄙ」也可代表翹腳休息。

二、老鼠在生肖排名為第一生肖，排名最前面的生肖當然在十二生肖中當王戴王冠最適合。名字中宜選用有「王」、「令」、「冠」、「壹」、「尊」、「⺍」、「亠」、「君」等字最得體。

三、老鼠之生肖屬子，如遇申（猴）、子（鼠）、辰（龍）為三合局，如有「申」「萬」、「轅」、「袁」、「辰」、「麗」、「麒」、「麟」的字形，幫助力大，恰是遇貴人運強、財運更加順暢。

四、名字中如有亥（豬）、子（鼠）、丑（牛）為三會局，老鼠與豬、牛為三會北方水。三會的力量也有貴人運，對自己也有所幫助。字形中如有「亥」、「豪」、「家」，或「丑」、「牛」、「生」、「紐」會很棒。

五、老鼠喜歡在夜間活動，字形喜歡有「夕」、「銘」、「名」字邊表一生安全，壓力少。

六、鼠為雜食動物，喜歡吃五穀雜糧。名字選用宜有「米」、「粱」、「豆」、「麥」、「禾」、「艸」。老鼠喜歡吃肉形葷食。名字選用宜有「心」、「月」、「忄」的部首，可得溫飽，以五穀雜糧為佳。

七、老鼠喜歡披彩衣變漂亮、以華麗其身。如果有字根如「彡」、「巾」、「系」、「示」、「衣」、「疋」、「采」邊最佳，顯得高貴。

如果生肖屬老鼠的人，想要命名且能符合十二生肖的喜用字，以下字庫將會為你帶來很大的便捷。

生肖屬老鼠喜用字庫

鼠喜3劃 上、于、口、大、女、子、巾。

鼠喜4劃 丑、中、丹、云、井、互、元、勻、升、壬、太、戶、方、月、水、牛、王。

鼠喜5劃 世、丘、主、令、充、冬、加、北、卉、古、右、司、台、巨、市、布、本、民、永、玄、玉、生、用、田、由、甲、申、禾、立。

鼠喜6劃 丞、亥、兆、先、再、匡、同、各、名、后、回、好、如、宇、守、安、曲、有、牟、米、羽、自、舟、衣、西。

鼠喜7劃 江、池、串、亨、兌、利、助、吾、呂、君、告、吹、吟、妍、妤、孚、宏、局、希、彤、杉、甫、男、秀、見、言、谷、豆、貝、車、辰、里、町。

鼠喜8劃 沅、沛、汪、沐、沂、玖、事、享、京、兒、函、叔、和、固、奇、姍、孟、宗、定、官、宜、宙、尚、居、岸、帛、店、府、承、服、朋、枋、果、松、知、秉、竺、采、金、長、阜、雨、青、泫。

鼠喜9劃 育、怡、注、泳、河、波、法、油、治、玥、冠、勃、勁、厚、品、客、宥、屋、帝、度、建、彥、思、扁、柱、柔、架、柚、皇、盈、省、相、眉、科、貞、軍、韋、飛、首、泰、柘。

鼠喜10劃 肴、芳、芸、洲、洪、流、津、洞、活、洛、珊、玲、珍、唐、哥、員、唇、娟、家、宮、容、宸、展、峰、師、桐、桀、畔、益、真、祐、神、祝、素、純、紜、訓、財、貢、軒、高、紘。

鼠喜11劃

胞、胤、若、苗、悟、悅、振、海、涓、浚、浴、浩、琉、珮、凰、動、區、商、問、寂、專、將、崇、常、康、彬、彩、啟、旋、毫、笛、笙、統、紹、細、紳、翎、袈、訪、責、貫、野、鹿、浤、婕、娸、翊。

鼠喜12劃

草、茵、茗、捷、涼、淳、添、清、淇、淵、涵、深、淦、理、現、勝、博、單、喬、婷、媚、富、寓、幀、惠、期、棟、棉、甥、登、發、程、童、粟、紫、絲、絡、舒、詠、賀、貴、鈞、閔、雅、茜、淀、淥、琇、淼、詒。

鼠喜13劃

莎、莉、莆、揮、援、港、湛、湘、湖、渙、湄、琪、琳、琴、琛、琦、琨、勤、嗣、園、圓、嫁、廉、敬、新、業、楚、榆、毓、督、祺、祿、萬、經、絹、聖、裕、詩、詰、農、鈴、雷、靖、頓、鼎、粲、豊。

鼠喜14劃

郡、菩、萍、菁、華、溶、源、滄、溪、瑞、瑜、嘉、圖、實、彰、旗、榕、榮、榛、槐、睿、碩、禎、福、管、精、綽、綾、綠、綱、綺、綢、綿、綸、維、肇、舞、裴、誦、誌、語、誥、豪、賓、輔、銅、銘、銓、閣、領、魁、鳳、滕、瑋。

鼠喜15劃 陞、葦、漢、滿、瑤、嫻、嬋、嬌、寬、廣、慶、慧、瑩、稼、穀、稻、締、緯、緻、緣、誼、諒、諄、論、賞、賦、鋒、震、頡、槿、緗、鉉、霈、靚、嫺。

鼠喜16劃 鄉、蓉、蒲、蒼、澄、潔、潭、潤、瑾、器、學、寰、樺、橙、樹、機、積、穎、糖、縈、翰、臻、興、親、諺、謀、諭、豫、錄、錦、錡、霖、靜、龍、蓁、璇。

鼠喜17劃 隆、蔗、濂、濃、澤、嬪、嶸、檐、爵、禧、穗、糠、績、聰、襄、謙、闊、隸、鴻、璠、檉、謚。

鼠喜18劃 濟、濠、濤、濬、濰、環、璦、璨、禮、穠、繡、謹、豐、鎔、顓、蕎、鎧。

鼠喜19劃 蕾、璿、璽、禱、穩、繹、贊、鏗、韻、鯨、麒、麗、薆、瀅。

鼠喜20劃 藏、懷、瀚、瓊、羅、勸、寶、朧、繼、覺、警、鐘、馨、瀧、瀠。

鼠喜21劃 藩、藝、藤、瓏、櫻、譽、躍、鐸、露、顧、鶴。

鼠喜22劃 蘋、蘇、瓖、懿、權、讀、灃、孋、穰、鑌、龢。

鼠喜23劃 蘭、巖、欐、麟、纕。

鼠喜24劃 瓚、讓、靈、靄、鑫。

鼠喜25劃 觀、鑲、鑰、釁、靉。

鼠喜26劃 酈、灣、讚。

鼠喜27劃 灤、鑼。

鼠喜28劃 豔。

鼠喜30劃 鸞。

舉例說明：因你名字中有符合以上的狀況、所以依這個字的得分還不錯。

◎王冠紳先生 你的生肖屬老鼠，以下為姓名吉凶論斷：

王↓依姓氏的角度而論（得分：90）

姓氏大部分是用來看個人的思想、先天智慧、未來名望以及父母親、長輩、長官等等人際關係，以下為姓氏的評論：

◎吉　祖德及祖蔭的庇護很多　（得分）80～90分

◎吉　可得到父母親的助力緣分也不錯　（得分）80～90分

◎吉　可得到長官及長輩的幫助　（得分）80～90分

◎吉　在社會的形象與名望會很不錯　（得分）80～90分

◎吉　這輩子較能輕鬆得財　（得分）80～90分

◎吉　在氣質表現上可得讚賞　（得分）80～85分

◎吉　今生可配得不錯的姻緣　（得分）80～85分

◎吉　天生智慧高反應力佳IQ高　（得分）80～90分

◎吉　先天的判斷力及直覺力很不錯　（得分）80～90分

◎吉　一～二十歲的運氣會很不錯　（得分）80～90分

冠↓依名字第一個字而論（得分：90）

代表一個人的性情、婚姻關係、兄弟姐妹、健康、情緒、內心世界感受，以下為你的姓名（一）的評論：

◎吉　自我內心的感情世界及自我意識很棒　（得分）80～90分
◎吉　姻緣及夫妻感情狀況會有不錯的運　（得分）80～90分
◎吉　可得兄弟姊妹的幫助，相互緣分也不錯　（得分）80～90分
◎吉　賺錢的慾望及技能表現很好　（得分）80～85分
◎吉　擁有超強的應變能力，聰明喔　（得分）80～90分
◎吉　你將擁有不錯的體質及優美的容貌　（得分）80～90分
◎吉　人際關係很好協調運作能力棒　（得分）80～95分
◎吉　先天擁有超強的開發能力　（得分）80～90分
◎吉　先天具有超強的領導統御能力　（得分）80～95分
◎吉　二十一～四十歲的運勢會不錯　（得分）80～90分

紳↓依名字第二個字而論（得分：90）

代表一個人的工作運、財庫、部屬關係、子女關係、配偶關係、賺錢結果（留不

留得住），以下為你的姓名（二）的評論。

◎吉　你先天的福德福分不錯　（得分）80～90分

◎吉　在事業運中可得貴人相助　（得分）80～90分

◎吉　在先天的資質及潛能方面會表現很好　（得分）80～90分

◎吉　可得部屬及子女的幫助　（得分）80～90分

◎吉　夫妻緣佳，有幫助子女、晚輩、部屬的能力　（得分）80～90分

◎吉　婚姻幸福，性能力佳，家庭美滿　（得分）80～90分

◎吉　在居住品質及風水方面可得好地緣　（得分）80～90分

◎吉　男性穿著很體面，女性食祿、財祿都不錯　（得分）80～90分

◎吉　是有財、有庫的福運ㄛ！恭禧恭禧　（得分）80～90分

◎吉　四十一～六十歲的運勢可有不錯成績　（得分）80～90分

所以王冠紳這個名字平均得分為：90分

以上報表診斷的結果是由本書所附軟體診斷出，只要你將姓名及生肖輸入軟體後就能診斷出每個人姓名「吉」「凶」，不用學姓名學就會斷「吉凶了」。

你如果是屬老鼠；首先要了解老鼠不喜歡的情況，才能了解名字的好壞。

屬鼠之人不喜歡字有人字邊就像「過街鼠，人人喊打」，避免有火字形因（水火不容）、避免有馬字形（子午正沖）、避免有羊字形（鼠羊相遇一旦休）、避免有奔跑字形（逃命）、避免有太陽字形（不喜歡見日）——如果名字中有以上所舉例之字形就表示名字有破格。

一、屬鼠之人避免使用有「羊」、「妹」、「朱」的字形，因為子未相害、「羊鼠相逢，一旦休」傷害力也很大。

二、屬鼠之人避免用「辵」、「几」、「弓」、「邑」的字根，因其形如蛇，鼠懼蛇，蛇會吞鼠，遭受到傷害、小人很多。

三、不喜歡當老二，忌用：士、卿、臣、工……不得志，能力無法施展。

四、屬鼠之人避免有午或馬字之字形，應避免用之，否則犯了對沖，傷害力大。

五、屬鼠之人避免有「火」及「土」之字形，因為子為水，水火相剋，土剋水、身心不安。

六、屬鼠之人避免用有「日」及「亻」、「人」、「彳」的字形，有道是老鼠見光死，有「日」字根則處境危險，易遭受到傷害。

如果生肖屬老鼠的人，名字中有以下文字，那代表名字不符合生肖姓名學理論，請你仔細印證，請在下次命名時盡量避開以下文字。

生肖屬老鼠之人忌用之字

鼠忌2劃 丁、二、人。

鼠忌3劃 士。

鼠忌4劃 仁、仃、仇、仍、今、介、化、午、夭、孔、巴、日、火。

鼠忌5劃 以、付、仕、代、仙、仟、卯、央、平、旦、未。

鼠忌6劃 汀、伙、伊、伍、休、仲、件、任、仰、仳、份、企、光、全、印、合、地、在、圭、妃、寺、早、旨、旬、旭、朴、次、竹、羊、臣、行、仵、价、佈。

鼠忌7劃 位、住、佇、伴、佛、何、估、佐、佑、伺、伸、似、但、作、伯、低、伶、余、佈、免、坊、址、坍、均、坎、壯、孝、宋、巫、志、攸、杜、赤、辛、佟。

鼠忌8劃抑、亞、佯、依、侍、佳、使、供、例、來、佰、佩、侖、佾、侑、兔、味、命、坪、坡、坦、妹、岱、幸、旺、易、昌、昆、昂、明、昀、昏、昊、昇、東、杵、炎、祀、臥、佼、佶、侄、坵、旻、炅、町。

鼠忌9劃肖、拒、沫、亭、亮、信、侯、俠、保、促、俟、俊、俗、俐、係、俞、勉、南、哇、型、垠、垣、垢、城、姜、姿、宣、封、庠、律、徉、春、昭、映、昧、是、星、昱、柯、柏、柳、炫、為、炳、炬、炯、紅、美、訂、酊、香、俋、衵、炷。

鼠忌10劃肯、洋、倍、俸、倩、倖、倆、值、倚、倨、俱、倡、候、修、倪、俾、倫、冤、凍、卿、埂、埔、埃、姬、娩、宰、差、徐、恙、時、晉、晏、晃、晁、書、桓、柴、氧、烊、烈、留、羔、耿、袁、袂、酒、釘、馬、珋、倢、埕、埒、晟。

鼠忌11劃邦、那、迎、胡、苧、苣、茉、英、茚、挽、珠、停、假、偃、偌、做、偉、健、偶、偵、倏、冕、曼、唱、域、堅、堆、埠、基、堵、執、婚、張、得、從、悠、教、晚、晤、曹、朂、欲、焉、烯、瓷、祥、羚、聊、袋、許、頂、偈、偅、偩、偮、婭、欷、欸、羕。

鼠忌12劃

邱、迪、悻、傢、傅、備、傑、喜、堯、堪、場、堤、堰、報、堡、復、普、晰、晴、晶、景、智、曾、棚、款、焰、然、善、翔、貸、距、辜、集、馮、傌、媄、焯、羢。

鼠忌13劃

郎、郁、脩、莘、莫、荷、提、揚、傭、傲、傳、僅、僇、嗎、塑、塘、塗、塚、塔、填、塌、塊、塢、媽、微、意、暗、暉、暖、暄、會、楠、楊、歇、照、煜、煥、義、羨、群、詳、路、鉀、鉚、馳、馴、渼、羥。

鼠忌14劃

郝、連、造、逢、菟、署、僧、像、僑、境、墊、墅、壽、徹、榴、歌、熙、熊、監、綻、臺、赫、輓、駮、墉、榪。

鼠忌15劃

都、逸、進、慢、漾、漫、億、儀、僵、價、儂、儉、劉、墟、增、墜、墩、嬉、德、徵、暮、樣、槽、樓、歐、羯、蝴、賣、輝、鋅、養、駐、駟、駛、駕、駒、魯、儆、僾、儌、墻、禡、搣。

鼠忌16劃陳、運、道、達、潛、罵、儒、儐、壁、墾、壇、壅、曆、曉、曇、熾、燕、熹、篤、糕、羲、諮、醒、駱、橐、燁、羱。

鼠忌17劃陽、鄒、遠、優、償、儲、壕、壑、壎、曙、營、燦、鎂、錫、騁、駿、鮮、鮭、鄔、蓨、濮、燨。

鼠忌18劃膳、叢、壘、曜、檸、歟、繕、繒、題、騎、鎦、騏。

鼠忌19劃鄭、鄧、選、薑、嚥、壟、壢、曝、羶、羹、辭、鵬、鄯、蓮、縫、。

鼠忌20劃鄰、邁、壤、曦、耀、議、騫、騰、騮。

鼠忌21劃犧、驅、驀。

鼠忌22劃歡、鑑、韃、驕、驊。

鼠忌23劃驚、驛、驗。

鼠忌24劃壩、驟、驞。

鼠忌26劃驥。

鼠忌29劃驪。

因你名字中有犯到以上的狀況，所以這個字的得分不是很高。

◎馬士傑先生 你的生肖屬老鼠，以下為姓名吉凶論斷：

馬↓依姓氏的角度而論（得分：30）

姓氏大部分是用來看個人的思想、先天智慧、未來名望以及父母親、長輩、長官等等人際關係，以下為姓氏的評論：

◎不佳 祖德及祖蔭的庇護較少 （得分）30～40分

◎不佳 父母親的助力緣分較少 （得分）30～40分

◎不佳 長官及長輩的幫助較少 （得分）30～50分

◎不佳 在社會的形象與名望表現較少 （得分）30～40分

◎不佳 賺錢的型態可能不輕鬆，辛苦呀 （得分）30～40分

◎不佳 氣質尚可，神韻風采需要加強 （得分）30～40分

◎不佳 結婚的對象或過程可能較有意見 （得分）30～50分

◎不佳 點子不多，構思力不強，反應力平平 （得分）30～50分

◎不佳 先天的判斷力及直覺力待加強 （得分）30～40分

◎不佳　一～二十歲的運氣好像不太如意　（得分）30～40分

十↓依名字第一個字而論（得分：30）

代表一個人的性情、婚姻關係、兄弟姐妹、健康、情緒、內心世界感受，以下為你的姓名（一）的評論：

◎不佳　自我內心的感情世界及自我意識稍弱　（得分）30～50分

◎不佳　姻緣及夫妻感情狀況意見多　（得分）30～30分

◎不佳　兄弟姊妹間的助力很少，緣分較淡薄　（得分）30～50分

◎不佳　對賺錢無太多太大的慾望　（得分）30～40分

◎不佳　反應力、應變能力待加強　（得分）30～50分

◎不佳　先天體質要多加注意，狀況不是很好　（得分）30～40分

◎不佳　要加強人際關係，協調能力再加強　（得分）30～50分

◎不佳　開發能力不足，要加強學習　（得分）30～50分

◎不佳　常當人家的下屬，領導統御再加強　（得分）30～40分

◎不佳　二十一～四十歲的運勢不是很如意　（得分）30～40分

傑↓依名字第二個字而論（得分：30）

代表一個人的工作運、財庫、部屬關係、子女關係、配偶關係、賺錢結果（留不留得住），以下為你的姓名（二）的評論：

◎不佳　你先天的福德福分不足　（得分）30～50分

◎不佳　在事業中得不到貴人相挺　（得分）30～50分

◎不佳　潛能無法發揮，天分待發掘　（得分）40～50分

◎不佳　晚輩、子女、部屬的幫助較少　（得分）30～55分

◎不佳　夫妻緣淡，子女緣也應改善　（得分）40～50分

◎不佳　性能力和婚姻經營需加強，注意ㄛ　（得分）40～50分

◎不佳　居住品質稍差，風水也堪慮，要注意　（得分）40～50分

◎不佳　男、女性為三餐打拼很辛苦　（得分）40～50分

◎不佳　賺再多也花光光，可能需存錢，不容易　（得分）30～40分

◎不佳　四十一～六十歲的運勢不是很如意　（得分）40～50分

所以馬士傑這個名字平均得分為：30分

以上報表診斷的結果是由本書所附軟體診斷出，只要你將姓名及生肖輸入軟體後就能診斷出每個人姓名「吉」「凶」，不用學姓名學就會斷「吉凶了」。

第六節　生肖屬牛的特性解說及喜、忌用字庫

你如果是屬牛，首先要了解牛的特性，才能了解名字的好壞。

牛喜歡有洞穴住、喜歡吃五穀雜糧，如能得水、得木、得草、最佳、得蛇、得雞成三合局，得鼠、得豬成三會局，得田符合屬性，得柵欄得休息——名字中如有符合下述條件者為好名。

一、有「艸」字部首的字對牛很好，因牛以草為主食，名字有艸字部，代表糧食豐富，內心世界充實，一生吃穿不虞匱乏、不怕餓肚子啦！

二、有「宀」、「广」、「門」、「戶」部首的字，代表牛可在屋簷下休息，有溫暖的家、表一生比較不會那麼辛苦。

三、有「田」、「甫」、「原」的字根，牛在田野，吃草或耕田都適得其所，悠哉享受美食，或勤勞耕田，盡其牛的本分，任勞任怨，如有田部旁則很棒。

四、牛以素食主糧如有「禾」、「叔」、「菽」、「麥」、「稻」、「豆」的字根則可得溫飽，屬牛者名字中如有以上字根，表示糧食豐盛，不虞吃穿，這輩子窮不了。

五、有「辶」的部首，其形象似蛇。及有「酉」、「鳥」、「羽」的部首可得三合局因為「巳酉丑」為三合，即牛與蛇、雞稱「三合」，互有幫助，一生中貴人多。

六、三會部首喜遇「亥」、「家」、「豪」、「子」、「季」、「存」、「淳」……等字，互有幫助，遇事能應刃而解。

如果生肖屬牛的人，想要命名且能符合十二生肖的喜用字，以下字庫將會為你帶來很大的便捷。

生肖屬牛喜用字庫

牛喜1劃 乙。

牛喜2劃 乃、了、二、几。

牛喜3劃 下、凡、也、于、千、士、子、寸、小、川、己、巳、弓。

牛喜4劃 丑、丹、之、云、井、元、內、勻、壬、孔、引、斗、水。

牛喜5劃 世、丘、冬、北、卉、巧、平、弘、永、玄、生、田、甲、禾、穴、立。

牛喜6劃 丞、亥、兆、再、地、妃、好、守、州、曲、臣、虫、西。

牛喜7劃 池、坊、均、壯、妙、妤、孝、宏、序、廷、步、甫、私、秀、角、豆、邑、酉。

牛喜8劃 乳、亞、享、其、函、叔、和、固、姍、孟、季、定、宜、宙、尚、居、延、承、果、松、牧、秉、竺、舍、金、佳、雨、非。

牛喜9劃 芋、芍、法、泓、治、泛、勃、勁、厚、垂、屋、建、弈、扁、癸、盈、相、科、秒、秋、竿、虹、要、重、風、飛、食、泰、芊。

牛喜10劃 迅、巡、芳、芝、芽、芹、芸、芷、洲、津、凌、原、圃、家、庫、庭、料、栗、特、畔、耘、耕、航、記、訓、起、軒、酒、配、芫。

牛喜11劃 邦、那、迎、近、范、若、苗、英、苔、苑、挺、浦、海、浮、浚、浩、浥、乾、基、專、康、張、強、笠、笙、翌、麥、苹、苡、浤、婕、娸。

牛喜12劃 逑、迪、草、茵、荏、茲、捷、淳、添、清、涵、淦、凱、博、喜、壹、富、巽、弼、甥、登、發、程、稅、筍、筑、粟、舒、貴、鈕、鈞、閎、雅、雄、順、黍、茜、淀、淥、晙。

牛喜13劃 迺、莆、湘、渙、湄、圓、廉、彙、楓、毓、猷、萬、稜、稚、稠、艇、鈿、雋、雷、電、楙、豊。

牛喜14劃 逍、通、逗、連、逐、透、逢、菩、萍、菁、華、菱、菽、菲、菊、萄、源、榮、槐、睿、箖、翠、臺、豪、輔、酵、銅、銘、鋑、閩、鳴、鳳、逑、菀、菫、菘、菉、溱、溎、滎、箐。

牛喜15劃 逵、週、逸、進、萱、葵、葦、葉、漳、演、漢、漣、滬、嫻、寬、廣、彈、毅、稼、穀、稻、範、諄、趟、趣、輪、鋪、鋒、黎、逯、萩、潚、鉉。

牛喜16劃 鄆、運、遊、道、蓉、蒼、潼、澄、潭、潤、潘、勳、奮、學、導、樺、橙、穎、築、臻、興、融、豫、錠、錄、錐、雕、霍、霏、頤、蓁、潗、澐、廩。

牛喜17劃 隆、遠、遙、蔗、蓮、蔬、蔭、澤、篷、聲、臨、鍵、鍾、鴻、

牛喜18劃 鄘、鄞、適、遨、濟、濠、濛、濯、濬、濡、獲、蟬、豐、鎰、馥、鵑、蕓、薌、鎧。

牛喜19劃 鄰、鄭、鄧、選、薪、蕾、穫、醮、鏗、鵬、蕿、瀅、鏞。

牛喜20劃 還、邁、藍、薰、薹、寶、醴、馨、藷。

牛喜21劃 邇、藩、藝、籐、蠟、鶯、鶴。

牛喜22劃 邊、藺、蘋、蘇、蘊、懿、權、藶。

牛喜23劃 蘭、麟。

牛喜24劃 艷、鷹。

牛喜25劃 釁。

舉例說明：因你名字中有符合以上的狀況、所以依這個字的得分還不錯。

◎郭家宏先生 你的生肖屬牛 以下為姓名吉凶論斷：

郭↓依姓氏的角度而論（得分：90）

姓氏大部分是用來看個人的思想、先天智慧、未來名望以及父母親、長輩、長官等等人際關係，以下為姓氏的評論：

◎平 祖德及祖蔭的庇護平平 （得分）60～55分

◎平 父母親的助力及緣分平平 （得分）60～65分

◎平 長官及長輩的助力平平 （得分）60～65分

◎平 在社會的形象與名望表現平平 （得分）60～60分

◎平 一步一腳印要拼才會贏 （得分）60～70分

◎平 在神韻風采上表現平平 （得分）60～65分

◎平 嫁雞隨雞，嫁狗隨狗，平平過一生 （得分）60～70分

◎平　天生智慧平平，IQ及反應力也平平　（得分）60～75分

◎平　先天的判斷力及直覺力平平　（得分）60～70分

◎平　一～二十歲的運氣不好也不差　（得分）60～70分

家↓依名字第一個字而論（得分：90）

代表一個人的性情、婚姻關係、兄弟姐妹、健康、情緒、內心世界感受，以下為你的姓名（一）的評論：

◎吉　自我內心的感情世界及自我意識很棒　（得分）80～90分

◎吉　姻緣及夫妻感情狀況會有不錯的運　（得分）80～90分

◎吉　可得兄弟姊妹的幫助，相互緣分也不錯　（得分）80～90分

◎吉　賺錢的慾望及技能表現很好　（得分）80～80分

◎吉　擁有超強的應變能力，聰明喔　（得分）80～90分

◎吉　你將擁有不錯的體質及優美的容貌　（得分）80～90分

◎吉　人際關係很好，協調運作能力棒　（得分）80～95分

◎吉　先天擁有超強的開發能力　（得分）80～90分

◎吉　先天具有超強的領導統御能力　（得分）80～95分

◎吉　二十一～四十歲的運勢會不錯　（得分）80～90分

宏↓依名字第二個字而論（得分：90）

代表一個人的工作運、財庫、部屬關係、子女關係、配偶關係、賺錢結果（留不留得住），以下為你的姓名（二）的評論：

◎吉　你先天的福德福分不錯　（得分）80～90分

◎吉　在事業運中可得貴人相助，很好　（得分）80～90分

◎吉　在先天的資質及潛能方面會表現很好　（得分）80～90分

◎吉　可得部屬及子女的幫助　（得分）80～90分

◎吉　夫妻緣佳，有幫助子女、晚輩、部屬的能力　（得分）80～90分

◎吉　婚姻幸福，性能力佳，家庭美滿　（得分）80～95分

◎吉　在居住品質及風水方面可得好地緣　（得分）80～95分

◎吉　男性穿著很體面，女性食祿、財祿都不錯　（得分）80～90分

◎吉　看樣子是有財、有庫的樣子恭禧恭禧　（得分）80～90分

◎吉　四十一～六十歲的運勢可有不錯成績　（得分）80～90分

所以郭家宏這個名字平均得分為：80分

以上報表診斷的結果是由本書所附軟體診斷出，只要你將姓名及生肖輸入軟體後就能診斷出每個人姓名「吉」「凶」，不用學姓名學就會斷「吉凶了」。

你如果是屬牛；首先要了解牛不喜歡的情況，才能了解名字的好壞。

屬牛之人不喜歡字有人字邊或肉字邊、或馬字邊、或羊字邊、或狗字邊、或龍字形、也不喜披彩衣變漂亮、也不喜得王、掌權、或戴王冠、或持武器、或有奔跑之字形——如果名字中有以上所舉例之字形就表示名字有破格。

一、屬牛之人避免用「心」、「月」、「忄」的部首，因為那是肉的偏旁主葷食也。牛不食葷，如果肖牛者名字有肉的偏旁者，便易有食不下嚥的感覺，有精神被掠奪的味道以及失落感。

二、屬牛之人避免有「日」、「山」的部首，因為牛在太陽下耕作，變成「氣喘牛」。牛走山路也很辛苦，牛上山頭步履維艱，表一生中較勞碌。

三、屬牛之人避免有「王」、「玉」、「主」、「君」、「帝」、「大」、「長」、「冠」的部首，人怕出名豬怕肥，牛也忌肥大，牛、豬逢大有祭天的意味，雖然有祭天的榮耀，但其犧牲的代價太高了。牛太大時，易成為犧牲品，做到流汗被人嫌到流口水。

四、避免有「示」之字根。「示」，意為祭祀，自古以來，以牛、羊、豬祭天，身為牛犧牲自己，以生命換來榮耀，代價未免太高了，表從小就很辛苦了。

五、屬牛之人避免用「羊」的部首，因為牛與羊為「對沖」，即丑與未對沖。容易有生離死別的跡象，以及不如意之事發生。

六、屬牛之人避免用「馬」的部首，因為「牛頭不對馬嘴」，「風馬牛不相及」，牛與馬相刑，表一生與人意見不合。

七、屬牛之人避免有「彡」、「巾」、「衣」、「采」、「示」、「系」的部首，為披彩衣之象。牛如果披上彩衣，不是變成祭品，就是一生為別人無怨無悔地付出，直到老死為止。

如果生肖屬牛的人，名字中有以下文字，那代表名字不符合生肖姓名學理論，請你仔細印證，請在下次命名時盡量避開以下文字。

生肖屬牛之人忌用之字

牛忌2劃 丁、人、刀、匕。

牛忌3劃 大、干。

牛忌4劃 仁、什、仃、仇、今、介、化、午、天、夭、心、戈、支、斤、日、月、比、片、牙、王、爿。

牛忌5劃 丙、主、以、付、仕、代、令、仙、刊、加、功、仟、占、古、召、叱、央、它、弗、必、旦、未、末、玉、矛、矢、示。

牛忌6劃 汀、伙、伊、伍、休、仲、件、任、仰、仳、份、企、光、全、列、刑、合、宇、年、式、戎、早、旨、旭、有、朱、此、竹、米、羊、行、衣、仵、价、佈。

牛忌7劃

忙、托、位、住、佇、伴、佛、何、估、佐、佑、伺、伸、佔、似、但、作、伯、低、伶、余、佈、別、判、君、呀、吟、坎、巫、希、庇、弟、彤、形、忌、志、忍、攸、杉、系、赤、辛、佟、礽。

牛忌8劃

快、玖、些、佯、依、侍、佳、使、供、例、來、佰、佩、侖、佾、侑、刻、券、刷、到、制、協、卓、味、命、奈、妹、宗、岡、岱、岳、幸、弦、忠、忽、念、或、戕、旺、易、昌、昆、昂、明、昀、昏、昕、昊、昇、服、朋、枝、杵、欣、版、狀、直、知、社、祀、祁、糾、臥、初、采、青、忻、玕、佼、佶、侄、佌、旻、炘、炅、町。

牛忌9劃

罕、育、怔、怖、怪、怕、怡、性、沫、玨、玟、玫、玥、表、亭、信、侯、保、促、俟、俊、俗、俐、係、前、剋、則、勇、南、奎、奐、姜、宣、庠、弭、彥、徉、思、急、怎、怨、春、昭、映、昧、是、星、昱、柔、架、柏、矜、祉、祈、祇、穿、紂、紅、紀、紉、紇、約、紆、美、羿、衫、訂、酊、玡、俋、姝、衵、柰、祆、紈。

牛忌10劃

十、肯、芯、恰、恢、恆、恃、恬、指、洋、洧、珊、玲、珍、珀、玳、倍、俸、倩、倖、倆、值、倚、倨、俱、倡、候、修、倪、俾、倫、剛、夏、娥、宰、峻、峰、差、恙、恣、恐、恕、恩、時、晉、晏、晃、晁、書、朔、朗、栩、格、氧、烊、矩、祕、祐、祠、祟、祖、神、祝、秘、紡、紗、紋、素、索、純、紐、級、紜、納、紙、紛、羔、翁、耿、袂、衽、託、躬、釘、馬、倢、倧、扆、晟、祜、紘、紓、衿、衾。

牛忌11劃

邪、胖、胥、胡、胞、胤、苧、茅、茉、苓、悄、悟、悍、悔、悅、悖、班、琉、珮、珠、停、假、偃、偌、做、偉、健、偶、偵、條、副、務、勘、動、曼、唱、唬、國、婚、將、崇、崙、彬、彩、彫、御、悉、悠、教、旋、晚、晤、晨、曹、勗、望、桿、梧、欲、烯、祥、祭、絃、統、紮、紹、紼、細、紳、組、終、羚、翎、習、聆、彪、被、袓、袖、袍、袋、許、責、頂、珖、玭、偈、偅、偩、偮、崟、欷、欸、紵、紾、羕、袗。

牛忌12劃

胭、脈、能、悽、情、悻、惜、惟、悸、掛、採、捺、淺、琅、球、理、現、傢、傅、備、傑、剴、創、勞、勝、場、堤、報、彭、悲、惠、斯、普、晰、晴、晶、景、智、曾、期、朝、棕、椅、棧、棹、棉、款、牌、番、短、結、絨、絕、紫、絮、絲、絡、給、絢、善、翔、翕、裁、裂、視、診、費、貸、辜、集、須、馮、琁、珺、傌、媄、斌、戔、甯、喬、絪、絜、羢、軫。

牛忌13劃

陀、郁、脩、莘、莫、莊、慨、惶、愉、提、揚、琪、琳、琥、琴、琯、琦、琨、傭、傲、傳、僅、僇、勤、勢、嗎、嗣、媽、愚、意、慈、感、想、愛、愁、愈、愍、戡、暗、暉、暖、暄、會、業、楠、楊、歇、照、牒、祺、祿、禁、經、絹、綏、義、羨、群、裟、裙、補、裘、裝、裕、詳、試、路、鉀、雉、零、馳、馴、愃、渼、琮、綄、羥。

牛忌14劃

郡、郝、慎、慌、慄、慍、愧、準、瑚、瑟、瑞、瑙、瑛、瑜、署、僧、像、僑、劃、寥、廖、彰、慇、態、截、暢、歌、碧、禎、福、禍、粽、綻、綰、綜、綽、綾、綠、緊、綴、網、綱、綺、綢、綿、綵、綸、維、緒、緇、綬、臧、裴、裸、製、褚、赫、趕、駁、瑋、榪、精、綞、緆、緋、綖、綦、裱、魹。

牛忌15劃

慷、慢、慣、慚、漾、漫、瑤、瑣、瑪、瑰、億、儀、僵、價、儂、儉、劇、劉、劍、增、嬉、審、影、德、慧、慰、慾、暮、樣、槽、槳、歐、獎、瑩、締、練、緯、緻、緘、緬、編、緣、緞、緩、緲、緹、翔、翩、褐、複、褓、褊、質、輝、鋅、養、駐、駟、駛、駕、駒、魯、齒、摎、漻、儆、僾、儌、墻、禡、緗、羬、褌、褋、褙。

牛忌16劃

陳、達、憐、憎、憤、潛、澎、璋、璃、璀、罵、儒、儐、劑、憩、戰、曆、曉、曇、熾、燕、禦、篤、糕、縑、縈、縣、縝、縉、羲、褪、褲、褫、醒、駱、璇、璉、褰、縕、羱、錼。

牛忌17劃

陽、膠、蔣、憶、憾、璞、優、償、儲、勵、嶸、彌、應、懂、懇、懋、戲、戴、曙、牆、矯、禧、禪、績、繆、縷、總、縱、縴、縵、翼、褸、鎂、錫、騁、駿、鮮、蓨、濮、爔、螻、襁。

牛忌18劃膳、蕙、環、璨、叢、斷、曜、檸、歟、璧、禮、織、繕、繞、繚、繡、繒、顏、題、騎、鄢、薙、騏。

牛忌19劃際、臆、薑、璿、噈、壞、曝、牘、璽、疆、矇、禱、繫、繹、繩、繪、繳、羶、羹、襠、襟、識、辭、鄯、蓬、繯、縺。

牛忌20劃鄰、藏、懷、瓊、勸、懸、曦、朧、繽、繼、耀、議、騫、騰、齡、繾。

牛忌21劃瓏、儷、櫻、犧、纏、續、驅、驀。

牛忌22劃懼、瓔、彎、歡、禳、襯、韃、驕、驊、鷚。

牛忌23劃戀、曬、纓、纖、驚、驛、驗、襴、鷸。

牛忌24劃隴、驟、鑫、驞。

牛忌25劃纘。

牛忌26劃灣、驥。

牛忌27劃纜、驤。

牛忌29劃驪。

舉例說明：因妳名字中有犯到以上的狀況，所以信個字的得分不是很高。

◎黃麗君小姐 妳的生肖屬牛，以下為姓名吉凶論斷：

黃↓依姓氏的角度而論（得分：60）

姓氏大部分是用來看個人的思想、先天智慧、未來名望以及父母親、長輩、長官等等人際關係，以下為姓氏的評論：

◎平 祖德及祖蔭的庇護平平 （得分）60～75分

◎平 父母親的助力及緣分平平 （得分）60～75分

◎平 長官及長輩的助力平平 （得分）60～70分

◎平 在社會的形象與名望表現平平 （得分）60～65分

◎平 一步一腳印，要拼才會贏 （得分）60～70分

◎平 在神韻、風采上表現平平 （得分）60～70分

◎平 嫁雞隨雞，嫁狗隨狗，平平過一生 （得分）60～70分

◎平 天生智慧平平，IQ及反應力也平平 （得分）60～70分

◎平　先天的判斷力及直覺力平平　（得分）60～70分

◎平　一～二十歲的運氣不好也不差　（得分）60～70分

麗↓依名字第一個字而論（得分：30）

代表一個人的性情、婚姻關係、兄弟姐妹、健康、情緒、內心世界感受、以下為妳的姓名（一）的評論。

◎不佳　自我內心的感情世界及自我意識稍弱　（得分）30～50分

◎不佳　姻緣及夫妻感情狀況、意見多　（得分）30～45分

◎不佳　兄弟姊妹間的助力很少，緣分較淡薄　（得分）30～50分

◎不佳　對賺錢毫無太多太大的慾望　（得分）30～40分

◎不佳　反應力、應變能力待加強　（得分）30～50分

◎不佳　先天體質要多加注意，狀況不是很好　（得分）30～40分

◎不佳　要加強人際關係，協調能力再加強　（得分）30～50分

◎不佳　開發能力不，足要加強學習　（得分）30～50分

◎不佳　常當人家的下屬，領導統御再加強　（得分）30～40分

◎不佳　二十一～四十歲的運勢不是很如意　（得分）30～40分

君↓依名字第二個字而論（得分：30）

代表一個人的工作運、財庫、部屬關係、子女關係、配偶關係、賺錢結果（留不留得住），以下為妳的姓名（二）的評論：

◎不佳　妳先天的福德福分不足　（得分）30～40分

◎不佳　在事業中得不到貴人相挺　（得分）30～40分

◎不佳　潛能無法發揮，天份待發掘　（得分）40～50分

◎不佳　晚輩、子女、部屬的幫助較少　（得分）30～45分

◎不佳　夫妻緣淡，子女緣也應改善　（得分）40～50分

◎不佳　性能力和婚姻經營需加強，注意ㄛ　（得分）30～50分

◎不佳　居住品質稍差，風水也堪慮要注意　（得分）40～50分

◎不佳　男、女性為三餐打拼很辛苦　（得分）40～50分

◎不佳　賺再多也花光光，可能需存錢，不容易　（得分）30～40分

◎不佳　四十一～六十歲的運勢不是很如意　（得分）40～50分

所以黃麗君這個名字平均得分為：40分

以上報表診斷的結果是由本書所附軟體診斷出，只要妳將姓名及生肖輸入軟體後就能診斷出每個人姓名「吉」「凶」，不用學姓名學就會斷「吉凶了」。

第七節、生肖屬虎的特性解說及喜、忌用字庫

妳如果是屬虎；首先要了解虎的特性，才能了解名字的好壞。

老虎喜歡有洞穴住，如能得山部、披彩衣為佳，能得王掌權最佳，又戴冠、吃肉最棒，能得水、得木、得森林更好，得馬、得狗三合局，有奔跑字形更有前途——名字中如有符合下述條件者為好名。

一、虎喜有「肉」、「月」、「心」、「忄」之字根，因老虎為肉食性動物，有以上字根，表示糧食豐富，內心充實，體力佳，一生不愁吃穿。

二、虎喜歡有「卯」、「東」之字根，因寅卯辰為三會，合成木局，一生得貴人相助。

三、虎喜歡有「氵」、「水」、「冫」之字根，因為水能生寅（虎）、生木能得助力，受人提拔。

四、虎喜歡有「衣」、「糸」、「巾」、「采」之字根，可華麗老虎之身，增加其威風俊秀，表示一生受人尊重。

五、虎喜歡有武器隨身，代表虎牙、虎爪如：「矢」、「斤」、「戈」一生擁有好本領。

六、如有「山」、「林」、「木」之字根，為老虎適得其所之意，因老虎大都棲息在森林，又稱森林之王，可以讓老虎充分發揮其潛能。

七、如有「王」、「君」、「令」、「大」、「將」、「力」之字根，老虎為森林之王，並喜發號司令，可掌大權，有威權之意，一生為老闆或主管格局。

八、老虎如遇「馬」、「午」、「南」、「騰」、「火」、「戌」、「然」、「犬」、「献」之字根即成三合局，因寅、午、戌成三合，能互相幫助，貴人多且有助之意。

如果生肖屬虎的人，想要命名且能符合十二生肖的喜用字，以下字庫將會為你妳帶來很大的便捷。

生肖屬虎喜用字庫

虎喜3劃 上、大、子、山、巾。

虎喜4劃 公、午、升、壬、太、心、月、木、水、犬、王。

虎喜5劃 丘、主、令、出、北、卯、巨、市、布、必、本、永、玄、玉、穴、立。

虎喜6劃 汀、亥、匡、年、戎、成、有、朱、竹、羊、羽、肉、衣、求。

虎喜7劃 江、汐、坊、壯、妙、孝、宋、宏、岑、希、彤、志、李、材、杉、角、走。

虎喜8劃 肌、沁、沛、汪、沐、沂、玖、乳、卓、奇、妹、孟、定、岡、岳、帖、忠、念、承、服、朋、東、林、杰、松、武、采、長、雨、青、忻、泫。

虎喜9劃 九、育、怡、性、注、泳、泌、法、玨、玥、冠、勉、勁、南、城、奎、威、宥、帝、帥、彥、柱、柄、柳、癸、皇、眉、美、衫、軍、音、首、泰、怜、姵。

虎喜10劃

肱、肴、肯、恆、恬、洋、洞、洧、玲、珍、剛、展、峻、峰、師、恕、恭、恩、息、朕、根、桂、栩、栽、桀、桃、烈、純、馬、恂、珂、峮、紘。

虎喜11劃

悅、浪、海、浮、浚、琉、珮、珠、珪、崧、常、康、彩、敏、梓、梅、盛、紘、統、翌、翎、浤、婕、婧、翊。

虎喜12劃

脈、情、惇、捷、淳、添、清、淋、涵、深、淨、淦、猛、琅、球、理、琍、勝、尊、崴、惠、朝、棠、棟、森、棋、棚、然、絢、翔、象、雅、雄、集、淥、珺、琈、媏、嵋、淼、絜。

虎喜13劃

愉、湧、湘、渤、滋、渙、猶、琺、琳、琴、琛、琦、媽、意、慈、想、愛、業、楚、楠、榆、楣、歲、毓、煌、猷、絹、群、聖、裘、裕、靖、馳、馴、鼎、湜、琰、琭、媵、絺。

虎喜14劃

慎、溪、瑞、瑜、嫣、寧、彰、旗、榮、睿、端、綻、綽、綠、綱、綺、綵、維、緒、翡、豪、滕、淮、瑂、瑍、槊、榮、箐、箖、綪、緁、綦。

虎喜15劃慣、滿、漪、瑤、瑪、慰、樟、樂、毅、締、緯、緹、駐、緗、霈、緣

虎喜16劃憬、潔、璋、學、憲、篤、縈、翰、錦、霖、霏、靜、潚、潗、璆、叡、橚、燁。

虎喜17劃憶、撼、澳、璟、璞、嶸、懋、總、駿、鴻、黛、檍、醡。

虎喜18劃膳、濟、濠、濯、濬、濰、璦、璨、檸、繕、繡、璱、騏。

虎喜19劃璿、璽、繹、鵬、瀅、濼、瑪。

虎喜20劃懷、瀚、瓊、繼、騫、騰、瀠。

虎喜21劃攘、籐、續。

虎喜23劃巖、驛。

舉例說明：因妳名字中有符合以上的狀況，所以依這個字的得分還不錯。

◎呂惠玲小姐 妳的生肖屬虎，以下為姓名吉凶論斷：

呂↓依姓氏的角度而論（得分：30）

姓氏大部分是用來看個人的思想、先天智慧、未來名望以及父母親、長輩、長官等等人際關係，以下為姓氏的評論：

◎不佳　祖德及祖蔭的庇護較少　（得分）30～40分

◎不佳　父母親的助力、緣分較少　（得分）30～40分

◎不佳　長官及長輩的幫助較少　（得分）30～50分

◎不佳　在社會的形象與名望表現較少　（得分）30～40分

◎不佳　賺錢的型態可能不輕鬆，辛苦呀　（得分）30～40分

◎不佳　氣質尚可，神韻、風采需要加強　（得分）30～40分

◎不佳　結婚的對象或過程可能較有意見　（得分）30～50分

◎不佳　點子不多，構思力不強，反應力平平　（得分）30～50分

◎不佳　先天的判斷力及直覺力待加強　（得分）30～40分

◎不佳　一～二十歲的運氣好像不太如意　（得分）30～40分

因呂有兩個口，老虎有兩個口表會傷人，這個姓屬老虎的孩子以十二生肖姓名學評分只能得30分。

惠↓依名字第一個字而論（得分：90）

代表一個人的性情、婚姻關係、兄弟姐妹、健康、情緒、內心世界感受，以下為妳的姓名（一）的評論：

◎吉　自我內心的感情世界及自我意識很棒（得分）80～90分

◎吉　姻緣及夫妻感情狀況會有不錯的運（得分）80～85分

◎吉　可得兄弟姊妹的幫助，相互緣分也不錯（得分）80～90分

◎吉　賺錢的慾望及技能表現很好（得分）80～90分

◎吉　擁有超強的應變能力，聰明喔（得分）80～90分

◎吉　妳將擁有不錯的體質及優美的容貌（得分）80～90分

◎吉　人際關係很好，協調運作能力棒（得分）80～95分

◎吉　先天擁有超強的開發能力（得分）80～90分

◎吉　先天具有超強的領導統御能力（得分）80～95分

◎吉　二十一～四十歲的運勢會不錯（得分）80～90分

玲↓依名字第二個字而論（得分：90）

代表一個人的工作運、財庫、部屬關係、子女關係、配偶關係、賺錢結果（留不留得住）以下為妳的姓名（二）的評論：

◎吉　妳先天的福德福分不錯（得分）80～90分

◎吉　在事業運中可得貴人相助，很好（得分）80～90分

◎吉　在先天的資質及潛能方面會表現很好（得分）80～90分

◎吉　可得部屬及子女的幫助（得分）80～90分

◎吉　夫妻緣佳，有幫助子女、晚輩、部屬的能力（得分）80～90分

◎吉　婚姻幸福，性能力佳，家庭美滿（得分）80～90分

◎吉　在居住品質及風水方面可得好地緣（得分）80～95分

◎吉　男性穿著很體面，女性食祿、財祿都不錯（得分）80～90分

◎吉　看樣子是有財、有庫的樣子，恭禧恭禧（得分）80～90分

◎吉　四十一～六十歲的運勢可有不錯成績（得分）80～90分

所以呂惠玲這個名字平均得分為：70分

以上報表診斷的結果是由本書所附軟體診斷出，只要你將姓名及生肖輸入軟體後就能診斷出每個人姓名「吉」「凶」，不用學姓名學就會斷「吉凶了」。

你如果是屬虎，首先要了解虎不喜歡的情況，才能了解名字的好壞。

屬虎之人不喜歡字有人字邊就像「人見老虎就怕」，不吃五穀雜糧，遇蛇、遇猴成三刑，也不喜開口字形，不宜見草原或平地字形（虎落平陽被犬欺）——如果名字中有以上所舉例之字形就表示名字有破格。

一、屬虎之人避免有「田」的字根，因為老虎入「艸」原及到「田」間，都有「虎落平陽被犬欺」之意、一生中總會被人欺負。

二、屬虎之人避免有小「口」、大「口」的字根，因為老虎開口便傷人，以及老虎有受困之感，不易展現其威，一生志向無法發揮。

三、屬虎之人避免有「門」、「柵」、「欄」之字根，老虎被關在家裡，不易展其威勢之感。

四、屬虎之人避免有「小」、「士」、「臣」、「幼」的字根，老虎宜大，才有威風，稱「小」就變成病貓，會有體弱多病的感覺。

五、屬虎之人避免有「示」之字根，因為老虎進不了宗廟、祠堂，表不登對，會沒人緣。

六、屬虎之人避免有「虎」之字根，因為「一山不容兩虎」，會有言詞傷人的意味。

七、屬虎之人避免有「申」、「袁」、「侯」的字根，因為「寅」與「申」正沖表一生會與人對立。

八、屬虎之人避免有蛇的字根，如：「一」、「二」、「邑」、「虫」、「虹」、「強」、「遠」。因為「寅」與「巳」相刑害，「蛇遇猛虎似刀戳」，一生小人特多。

九、屬虎之人避免有「人」或「亻」的字根，因為老虎不喜歡被人控制，也會被人所傷。

十、屬虎之人避免有「日」、「光」的字根，因為老虎不喜在大太陽下，因為會很辛苦。

如果生肖屬虎的人，名字中有以下文字，那代表名字不符合生肖姓名學理論，請你仔細印證，請在下次命名時盡量避開以下文字。

生肖屬虎之人忌用之字

虎忌1劃 一。

虎忌2劃 二、人、几。

虎忌3劃 三、凡、口、士、小、川、巳、弓。

虎忌4劃 丰、之、仁、仇、仍、今、介、化、夭、少、尤、屯、引、日。

虎忌5劃 乏、以、付、仕、仗、代、仙、兄、冉、加、包、仟、可、古、右、召、司、另、只、史、台、句、央、尼、平、弘、弗、旦、民、生、田、由、甲、申、皮、示、禾。

虎忌6劃 氾、伙、伊、伍、休、仲、件、任、仰、仳、份、企、光、全、再、危、吉、同、各、向、名、合、后、因、回、妃、如、存、尖、帆、早、旨、旭、朵、次、米、臣、虫、仵、价、伂、圮。

虎忌7劃 汎、亨、位、住、伴、佛、何、估、佐、佑、伺、伸、佃、似、但、作、伯、低、伶、余、佈、克、吾、吳、呈、呂、告、含、吟、尾、巫、廷、弟、彷、役、攸、杏、甫、男、甸、私、秀、谷、豆、貝、辰、邑、佟、囧、町、礽。

虎忌8劃

艾、亞、享、依、侍、佳、使、供、例、來、佰、佩、侖、佾、侏、侑、卷、味、咖、咕、呻、和、周、命、固、坤、奈、委、季、宗、宛、尚、岱、延、弦、往、旺、易、昌、昆、昂、明、昀、昏、昊、昇、知、社、祀、祁、秉、臥、虎、門、佼、佶、侄、侗、旻、炅。

虎忌9劃

拒、招、河、泓、治、泡、泛、亭、亮、信、侯、俠、俏、保、促、侶、俟、俊、俗、俐、係、俞、咨、咸、品、哈、姿、宣、客、巷、建、弭、律、思、春、昭、映、昧、是、星、昱、柯、柏、炬、炯、畏、界、祉、祈、祇、禹、科、秒、秋、虹、貞、頁、風、香、芊、芃、俋、衪、柰、祆。

虎忌10劃

迅、巡、芳、芝、芙、芹、花、芬、芸、芷、倍、俸、倩、倆、值、倚、倨、俱、倡、候、修、倪、俾、倫、倉、唐、哥、哲、員、娟、姬、孫、容、宸、庭、弱、徐、時、晉、晏、晃、晁、書、桐、畔、留、益、砷、祕、祐、祠、祟、祖、神、祝、租、秦、秩、秘、素、虔、袁、訊、財、貢、起、躬、酒、閃、高、芮、珅、倢、倧、晟、祜。

虎忌11劃

邢、邦、那、迎、近、胡、范、苣、若、茂、茉、苒、苗、英、苔、苑、苓、苯、捐、假、偃、偌、做、偉、健、偶、偵、倏、凰、區、曼、商、啞、唱、唯、啤、售、國、堅、堂、婉、婚、崇、庸、張、強、得、從、徠、悠、啟、晚、晤、晨、曹、朂、梁、欲、烯、瓷、略、畦、畢、異、祥、祭、移、紹、細、紳、處、彪、蛇、蛉、袖、袍、袋、責、頂、麥、苻、偈、偅、偩、偮、埏、婭、欷、欸。

虎忌12劃

邵、邱、逑、迦、迪、荊、荐、草、茵、荏、茲、茹、茶、茗、荀、茱、荃、捺、涎、傢、傅、備、傑、凱、喧、喜、單、喚、喬、喉、場、堤、堠、壹、媛、富、巽、幅、弼、彭、復、循、敦、普、晰、晴、晶、景、智、曾、替、棕、棻、款、番、稍、程、稅、稀、粟、結、給、善、虛、蛟、視、費、賀、貴、貿、貸、超、距、酥、閔、開、閑、間、閎、項、順、須、黃、黍、茜、傌。

虎忌13劃

郎、郁、送、迷、迺、脩、莎、莞、莘、莫、莒、莊、莓、莉、荷、荻、莆、提、揚、渭、傭、傚、傳、僅、僇、募、嗣、園、微、暗、暉、暖、暄、會、楊、歇、照、當、畸、祺、祿、禁、萬、稜、稚、羨、號、蜀、蛻、蜂、資、賈、農、鉀、鉅、鈿、預、頌、鼓、莩、琬、媛。

虎忌14劃

郝、通、連、速、造、逢、逖、途、菩、萍、菁、華、菱、著、萊、萌、菽、菲、菊、搭、溶、猿、瑛、署、僧、像、僑、僎、嘉、團、圖、壽、夢、幕、徹、暢、歌、熔、熙、監、禎、福、禍、種、稱、粽、精、綜、臺、蜜、蜻、誘、賓、閨、閩、頗、鳴、鳳、逑、菖、菇、溒、榬、蜒。

虎忌15劃

郭、都、逵、週、逸、進、蒂、落、萱、葵、葉、葛、董、慢、漠、漫、億、儀、僵、價、儂、儉、增、嬌、德、徵、慕、暮、槽、歐、皺、稿、稼、稽、稷、蝴、蝶、誕、豎、賦、賢、賣、賜、輝、頡、魯、黎、菱、儆、僾、儌、稹。

虎忌16劃 陳、鄉、運、遊、道、達、違、過、遁、蓉、蓄、蒙、蒞、蒲、蓓、蒼、撰、潛、澎、潘、儒、儔、儐、器、戰、曆、曉、暹、曄、曇、樺、橋、盧、禦、積、穆、糕、糖、臻、螢、融、諮、謂、諷、賴、醒、頤、龍、蓁、蒨、螈、錼。

虎忌17劃 陽、鄒、遠、遜、遣、遙、遞、蔽、蔚、蓮、蔓、蔣、蔡、蓬、擋、優、償、儲、彌、懂、曙、檔、禧、禪、穗、臨、襄、轅、錫、闊、鄔、蓨、蔘。

虎忌18劃 鄞、適、遷、蕩、蕃、蕉、蕭、曜、歟、禮、穠、糧、繒、蟬、豐、鎔、闕、顏、題、鵑、蕎、鎍。

虎忌19劃 際、鄧、選、遲、薪、薑、薛、薇、薊、薦、嚥、曝、疇、疆、禱、穫、穩、譁、贊、關、靡、類、顛、夒、譔。

虎忌20劃 還、邁、邀、藏、薩、藍、藉、薰、薹、嚴、曦、耀、麵、鏵、饌、虎忌21劃 邈、藩、藝、藤、儷、顧、驀。

虎忌22劃 邊、藻、蘋、蘇、蘊、彎、歡、疊、禳、鑑、鄺、灃、驊。

虎忌23劃 蘭、曬、顯、蘩。

虎忌24劃 矚、蘴。

虎忌25劃 蘿、蠻。

虎忌26劃 邏、灣。

舉例說明：因你名字中有犯到以上的狀況，所以這個字的得分不是很高。

◎徐小祥先生，您的生肖屬虎 以下為姓名吉凶論斷：

徐↓依姓氏的角度而論（得分：30）

姓氏大部分是用來看個人的思想、先天智慧、未來名望以及父母親、長輩、長官等等人際關係，以下為姓氏的評論：

◎不佳 祖德及祖蔭的庇護較少 （得分）30～40分

◎不佳 父母親的助力，緣分較少 （得分）30～40分

◎不佳　長官及長輩的幫助較少　（得分）30～50分

◎不佳　在社會的形象與名望表現較少　（得分）30～40分

◎不佳　賺錢的型態可能不輕鬆，辛苦呀　（得分）30～40分

◎不佳　氣質尚可，神韻、風采需要加強　（得分）30～40分

◎不佳　結婚的對象或過程可能較有意見　（得分）30～50分

◎不佳　點子不多，構思力不強，反應力平平　（得分）30～50分

◎不佳　先天的判斷力及直覺力待加強　（得分）30～40分

◎不佳　一～二十歲的運氣好像不太如意　（得分）30～40分

小↓依名字第一個字而論（得分：30）

代表一個人的性情、婚姻關係、兄弟姐妹、健康、情緒、內心世界感受、以下為你的姓名(二)的評論：

◎不佳　自我內心的感情世界及自我意識稍弱　（得分）30～50分

◎不佳　姻緣及夫妻感情狀況意見多　（得分）30～30分

◎不佳　兄弟姊妹間的助力很少，緣分較淡薄　（得分）30～50分
◎不佳　對賺錢毫無太多太大的慾望　（得分）30～40分
◎不佳　反應力、應變能力待加強　（得分）30～50分
◎不佳　先天體質要多加注意，狀況不是很好　（得分）30～40分
◎不佳　要加強人際關係，協調能力再加強　（得分）30～50分
◎不佳　開發能力不足，要加強學習　（得分）30～50分
◎不佳　常當人家的下屬，領導統御再加強　（得分）30～40分
◎不佳　二十一～四十歲的運勢不是很如意　（得分）30～40分

祥↓依名字第二個字而論（得分：30）

代表一個人的工作運、財庫、部屬關係、子女關係、配偶關係、賺錢結果（留不留得住），以下為你的姓名（二）的評論：

◎不佳　你先天的福德福分不足　（得分）30～50分
◎不佳　在事業中得不到貴人相挺　（得分）30～50分

◎不佳　潛能無法發揮，天分待發掘　（得分）40～50分

◎不佳　晚輩、子女、部屬的幫助較少　（得分）40～60分

◎不佳　夫妻緣淡，子女緣也應改善　（得分）40～50分

◎不佳　性能力和婚姻經營需加強，注意ㄛ　（得分）40～50分

◎不佳　居住品質稍差，風水也堪慮，要注意　（得分）40～50分

◎不佳　男、女性為三餐打拼很辛苦　（得分）40～50分

◎不佳　賺再多也花光光，可能需存錢，不容易　（得分）30～40分

◎不佳　四十一～六十歲的運勢不是很如意　（得分）40～50分

所以徐小祥這個名字平均得分為：30分

以上報表診斷的結果是由本書所附軟體診斷出，只要你將姓名及生肖輸入軟體後就能診斷出每個人姓名「吉」「凶」，不用學姓名學就會斷「吉凶了」。

第八節、生肖屬兔的特性解說及善、忌用字庫

你如果是屬兔，首先要了解兔的特性、才能了解名字的好壞。

兔子喜歡有洞穴住，披彩衣為佳，有五穀得溫飽，能得水、得木、得森林、得草為適得其所，如有羊或豬之形為三合局，得柵欄可休息——名字中如有符合下述條件者為好名。

一、兔子喜歡名字中有小「口」、大「口」、「宀」、「冖」之字根，因狡兔三窟，兔子喜歡在洞穴裡竄來竄去，有個安全的家，一生食祿、財祿不缺。但「安」、「宇」兩字除外

二、名字宜用有「寅」、「虎」、「嵩」、「丘」、「良」、「獻」之字根，因寅、卯、辰為三會局可得貴人助。

三、名字宜用有「彡」、「系」、「衣」、「采」、「巾」、「示」之字根，兔子著重有漂亮的毛色，可華麗其外表，可得人緣，受人喜歡。

四、名字喜有「木」、「水」之字根，水生木可得貴人相助，因「木」屬東方，「卯」亦為木，有見到自己同類的感覺。

五、名字宜有「艸」之字根，因兔子為素食動物，凡事能得心應手。

六、名字宜有「禾」、「豆」、「麥」、「粱」、「稷」、「稻」、「叔」等，以上均

為五穀雜糧，為屬兔者喜用之字根，可得溫飽，一生中做什麼像什麼。

七、名字宜有「亥」、「核」、「未」、「善」的字根，因亥、卯、未三合，兔子與豬、羊稱三合，有幫扶之意，一生貴人特多。

如果生肖屬兔的人，想要命名且能符合十二生肖的喜用字，以下字庫將會為你帶來很大的便捷。

生肖屬兔喜用字庫

兔喜3劃 口、士、女、寸、小、巾。

兔喜4劃 才、中、丹、尹、云、互、允、公、匹、壬、少、屯、戶、方、月、木、水、牙、四。

兔喜5劃 世、丘、加、北、卯、可、古、右、司、只、台、句、尼、巨、市、平、弗、朮、本、未、母、永、玄、甘、用、田、由、甲、申、目、石、禾、穴。

兔喜6劃 亦、亥、共、再、吉、同、各、向、名、因、回、地、好、如、字、守、曲、朱、竹、米、羊、而、臣、自、至、舟、衣、求。

兔喜7劃　汝、江、串、亨、兌、克、治、利、呈、呂、告、坊、妍、好、孝、宋、宏、局、希、彤、李、杏、材、村、杉、甫、男、秀、見、谷、豆、里、妘、町。

兔喜8劃　沙、沛、沐、沂、乳、事、亞、享、京、其、典、函、叔、味、和、周、固、委、妹、孟、季、定、官、宜、宙、宛、尚、居、岳、幸、於、朋、杭、枋、東、果、林、松、直、知、秉、空、竺、舍、采、雨、泫。

兔喜9劃　芋、芍、拓、泳、河、沽、法、油、泗、治、囿、表、亭、亮、勉、勁、匍、咨、咸、品、哈、垂、城、奕、姜、姿、威、宦、客、屋、弈、彥、扁、柿、柔、柵、柯、柄、柚、柳、泉、界、癸、盈、省、相、眉、科、紀、約、美、耐、韋、泰、芎、咭、姞、姝、姵、昫。

兔喜10劃　肪、芳、芝、芹、芬、芥、芸、拾、洋、洲、洪、津、洞、洛、洧、倉、凍、凌、卿、原、哨、唐、哥、哲、圃、娜、娟、姬、娌、孫、宰、家、宮、容、展、旅、桂、桔、桀、格、株、畝、畜、留、益、租、秦、窈、紡、純、級、紜、舫、軒、高、芮、洙、洺、桉、紘。

兔喜11劃

邦、那、若、苗、英、苔、苑、浦、海、涓、浮、浚、浴、浩、涌、區、商、國、基、夠、寄、尉、常、康、彬、彩、教、啟、敏、旋、旌、梁、梓、梵、梅、梨、略、畢、異、盛、祥、笠、笛、笙、紘、統、紹、細、紳、耜、野、苹、挹、浤、婕、婧、娸。

兔喜12劃

草、茵、茴、茲、茶、茗、捷、涼、淳、添、清、淇、淋、淵、涵、深、淨、淦、凱、喜、單、喬、壹、壺、婷、媚、富、彭、敦、棠、棟、森、棣、棋、棉、畫、登、程、童、策、筆、答、筍、紫、絮、絲、給、絳、善、肅、舒、超、開、閑、間、閎、黍、淀、淥、喨、婼、淼、晙、絜、雱、雰。

兔喜13劃

莎、莘、莒、莊、荷、莆、握、湘、湖、渦、滋、渙、湄、園、圓、嫁、廉、彙、敬、業、楚、極、楓、榆、楣、毓、當、祺、萬、稠、經、絹、綏、義、羨、群、聖、肆、裔、裘、裕、雷、渼、嫄、椲、碇、粲。

兔喜14劃

菩、萍、菁、華、菊、溶、源、嘉、圖、壽、夢、嫦、彰、榕、榮、構、槐、榭、睿、碩、福、種、管、精、綻、綽、綠、綺、綢、綿、綵、綸、緒、臺、豪、輔、魁、菀、菉、溱、嫥、槼、榡、箐、箖、綦。

兔喜15劃

都、萱、葦、葫、葉、葡、董、演、漾、漢、滿、嘻、嫺、嬋、嬌、寬、廣、樣、樟、樁、樞、樓、樂、樑、毅、磊、磐、稿、稼、穀、稷、稻、範、篆、篇、練、緯、緻、緘、緣、緞、豎、黎、萩、葒、漘、嘽、槿、緗、霈。

兔喜16劃

陵、陳、陸、陰、陶、膏、蓉、蒿、蓄、蒙、蒲、蓓、蒼、澄、潔、潘、勳、器、學、寰、樺、橙、樹、橡、橋、機、穌、篙、築、糕、糖、縈、縉、羲、臻、興、親、豫、輻、輯、霖、靜、蒡、蓁、蒨、叡、圜、廩、縕。

兔喜17劃

隊、隋、隆、蔗、蔬、蔭、擄、擇、澤、澳、孺、擎、爵、磺、臨、螺、裏、豁、霜、霞、蓼、檡、霝、龠。

兔喜18劃 鄘、蕃、蕭、濟、濠、濛、濤、濬、濡、叢、嚮、檬、歸、禮、穡、簣、繕、繡、繙、豐、魏、蕎、薌、瀏、闓。

兔喜19劃 薪、薄、蕾、櫥、疇、穫、繹、薀、瀅。

兔喜20劃 藏、薩、藍、瀟、瀝、嚴、繼、馨、薷、瀠、繻。

兔喜21劃 藩、藝、藤、瀾、欄、籐、藟、藜、韡。

兔喜22劃 藻、蘇、灃、穌。

兔喜23劃 蘭、欒。

兔喜24劃 靈。

兔喜25劃 釁。

兔喜26劃 豔。

生肖屬兔的人只要你將姓名及生肖輸入軟體後就能診斷出每個人姓名「吉」「凶」，不用學姓名學就會斷「吉凶了」。

你如果是屬兔，首先要了解兔不喜歡的情況，才能了解名字的好壞。

屬兔之人不喜歡字有人字邊或肉字邊、也不喜得王、掌權，或戴王冠、或持武器、或有奔跑之字形，遇龍則成相害、遇雞是六沖，更不願見日字形太勞累——如果名字中有以上所舉例之字形就表示名字有破格。

一、屬兔之人避免選用有「日」、「陽」之字根，因為犯了日月沖之象，兔又代表「月」兔，遇有「日」的字根則會日月對沖，容易與人對立。

二、屬兔之人避免選用有「人」的字根，俗云：「守株待兔。」表生活恐懼，一生不安，危機四伏。

三、屬兔之人避免選用有「大」、「君」、「冠」、「帝」、「王」之字根，因兔子為小動物，無福稱「大」、稱「王」，會有壓力過重承擔不起之感。

四、屬兔之人避免選用有「山」、「林」、「艮」之字根，因為兔子若處在森林、山中，日子過得比較驚心動魄，時時有危機，弱肉強食的原則下，兔子常成為其他動物的美食。

五、屬兔之人避免用有「心」、「月」、「忄」之字根，是代表「葷食」，然而兔子是草食動物，見到「肉」會有失落感，看得到而吃不得也，凡事不能順心。

六、屬兔之人避免用有「辰」、「龍」、「貝」、「子」之字根，因為與地支卯、辰相害三刑，沒有助力，人際關係差。

七、屬兔之人避免選用有「酉」、「西」、「雞」、「金」字根，因以上諸字根均代表西方「卯」與「酉」對沖，表示一生中無助力，做什麼都不對。

如果生肖屬兔的人，名字中有以下文字，那代表名字不符合生肖姓名學理論，請你仔細印證，請在下次命名時盡量避開以下文字。

生肖屬兔之人忌用之字

兔忌2劃 人。

兔忌3劃 大、山。

兔忌4劃 仁、仇、今、介、化、天、太、夭、尤、心、日、氏、王。

兔忌5劃 主、以、付、仕、代、令、仙、仟、必、旦、民、玉。

兔忌6劃 伙、伊、伍、休、仲、件、任、仰、仳、份、企、光、全、存、宇、安、早、旨、旬、旭、有、羽、西、仵、价、佈。

兔忌7劃 忙、位、住、伴、佛、何、估、佐、佑、伺、伸、似、但、作、伯、低、伶、余、佈、君、巫、忌、志、忍、攸、貝、辰、酉、佟。

兔忌8劃 快、玖、依、侍、佳、使、供、例、來、佰、佩、侖、佾、侑、命、岱、忠、忽、念、旺、易、昌、昆、昂、明、昀、昏、昊、昇、祀、臥、金、長、青、忻、佼、佶、侄、旻、炅。

兔忌9劃 育、怔、怖、怪、怕、怡、性、玫、玥、信、侯、俠、保、促、俟、俊、俗、俐、係、冠、宣、帝、思、急、怎、怨、春、昭、映、昧、是、星、昱、柏、羿、要、貞、酋、酊、飛、俋。

兔忌10劃 肯、恰、恢、恆、恃、恬、珊、玲、珍、珀、倍、俸、倩、倆、值、倚、倀、倨、俱、倡、候、修、倪、俾、倫、宸、恣、恐、恕、恭、恩、息、時、晉、晏、晃、晁、書、朔、栩、烏、秘、素、翅、翁、財、酒、配、倢、晟、栖、翃。

兔忌11劃 胖、胥、胡、胞、胤、苓、悄、悟、悍、悔、悅、悖、振、班、琉、珮、珠、乾、假、偃、偌、做、偉、健、偶、偵、倏、凰、曼、唱、唬、婚、崔、崗、帳、張、悉、悠、晚、晤、晨、曹、勗、望、欲、烯、翌、翎、習、聆、彪、袖、袋、責、酗、釧、雀、鳥、鹿、悒、珝、偈、偅、偩、偮、欷、欸、翊。

兔忌12劃 胭、脈、能、悽、情、悵、惜、惟、悸、琅、球、理、現、傢、傅、備、傑、勝、場、堤、就、悲、惠、普、晰、晴、晶、景、暑、智、曾、期、朝、款、翔、翕、覃、貽、費、賀、貴、買、貸、酥、鈞、雄、集、順、珺、傌、媜、崷、惢、甯。

兔忌13劃 郁、脩、莫、慨、惶、愉、提、揚、琪、琳、琴、琦、琨、傭、傲、傳、僅、僇、愚、意、慈、感、想、愛、愁、愈、愍、暗、暉、暖、暄、會、楊、楨、歇、照、稚、資、賈、賄、賂、農、酬、酪、鉀、鈴、零、愃、煪、詡。

兔忌14劃 慎、慌、慄、慍、愧、瑚、瑟、瑞、瑙、瑛、瑜、署、僧、像、僑、寥、實、廖、愨、態、暢、碧、禎、翠、翡、翟、裴、賓、銀、銘、領、鳴、鳳、愫、瑋、嵺、嶍。

兔忌15劃

慷、慢、慣、慚、漲、漫、瑤、瑣、瑪、瑰、億、儀、僵、價、儂、儉、增、慶、慧、慕、慰、慾、暮、槽、歐、瑩、賠、賣、賜、質、輝、醇、醋、銳、鋒、震、駐、魯、憀、摎、漉、漻、儆、僾、儌、槢、樛、潁、熠、熤、翦。

兔忌16劃

憐、憎、憒、潛、璋、璃、璀、儒、儐、憲、憩、曆、曉、曇、歙、穎、翰、翱、翮、賴、醒、錯、錢、鋼、錄、錦、頭、頤、奮、鴒、鴛、龍、遒、璇、璉、醐、醑、醍、鋹、鴗。

兔忌17劃

陽、膠、憶、憾、濃、璞、優、償、儲、嬰、應、懂、懇、懋、曙、績、繆、翳、翼、褶、賺、賽、購、鍵、鍊、錫、鴻、鴿、鄔、蔗、蓨、嚁、簏、韔。

兔忌18劃

膳、蕙、環、璨、曜、歟、璧、穠、繒、翹、翻、蹟、醫、鎮、雙、顏、題、鵑、鵠、燿、磟、轆、轇。

兔忌19劃 鄭、遺、臆、薑、璿、嚥、壞、龐、曝、璽、矇、醮、鏡、願、鵡、鵲、鵬、麒、麗、麓、騛、鵰。

兔忌20劃 懷、瀚、瓊、嚨、寶、懸、曦、朧、耀、鐘、騰、齡、藋、瀧、類、飂、鶖、鶧。

兔忌21劃 瓏、儷、躍、鐵、顧、鶯、鶴、麝、趯、鶼。

兔忌22劃 蘋、懼、瓔、懿、歡、籠、襲、鑑、龔、譾、鷚。

兔忌23劃 戀、曬、纓、纖、顯、鷥、麟、鷸、鷲。

兔忌24劃 隴、鷹、鷺。

兔忌25劃 鸛。

兔忌26劃 酈。

兔忌27劃 鑽、鑾、鸕。

兔忌28劃 鸚。

兔忌30劃 鸞、鸝。

因篇幅有限，不一一舉例，請直接對照字庫或用姓名學軟體自行診斷姓名吉凶。

第九節　生肖屬龍的特性解說及善、忌用字庫

你如果是屬龍，首先要了解龍的特性、才能了解名字的好壞。

龍喜歡得日月精華，披彩衣為佳，能得王掌權最佳，又戴冠、得水最棒，能天上飛，能得鼠、得猴成三合局——名字中如有符合下述條件者為好名。

一、宜選用有「氵」、「水」之字根、因龍喜水、龍得水，亦適得其所、一生能發揮所長，做什麼像什麼。

二、名字宜有「王」、「大」、「君」、「主」、「帝」、「二」、「令」、「主」、「長」、「上」、「首」「天」之字根，因龍在中國人心中的地位為最大，宜稱「龍王」，發號司令，不宜稱小、表一生能成為別人的貴人、受人尊敬。

三、宜選用有「申」、「爰」、「袁」、「子」「馬」、「午」、「鳳」之字根、因申、子、辰三合，龍與猴、鼠為三合局，因龍與馬在一起，會有「龍馬精神」、「龍飛鳳舞」的幹勁，會積極努力開創前程。

四、宜選用有抬頭的字根如「厶」、「爫」「亠」，因龍喜歡抬頭，可展露其威，容易成為領導人。

五、名字宜有「日」、「月」的字根，因龍喜得日、月，為其最愛，可增加生肖龍者的內心世界充實感及精華，表一生中非常有才華。

六、宜選用有「星」、「雲」、「辰」的字根，因為龍喜行於天空，而與日、月、星、辰為伍，表可得貴人相助。

如果生肖屬龍的人，想要命名且能符合十二生肖的喜用字，以下字庫將會為你帶來很大的便捷。

生肖屬龍喜用字庫

龍喜3劃 上、大、子、巾。

龍喜4劃 丹、今、午、升、壬、天、太、孔、日、曰、月、水、王。

龍喜5劃 主、北、巨、市、永、玉、申、立。

龍喜6劃 汀、丞、光、兆、好、字、存、宇、旭、有、羽、衣、求。

龍喜7劃 汝、江、池、汐、亨、君、孝、希、彤、李、言、酉。

龍喜8劃 沛、汪、沂、乳、函、坤、孟、定、承、旺、易、昌、昆、明、昀、昕、昊、昇、朋、杳、杵、杲、采、長、雨、青。

龍喜9劃 育、注、泳、泗、泊、玨、玥、冠、勃、勁、南、厚、奕、帝、彥、映、是、星、昱、柱、柄、柏、泉、皇、計、音、飛、泰、姵、衵。

龍喜10劃 股、肴、肯、津、洛、洧、洵、玲、珍、展、師、時、晉、晏、晃、書、朔、桂、桀、真、素、純、紘、袁、酒、馬、珂、珅、衿。

龍喜11劃 海、浙、浮、浩、琉、珮、珠、珪、凰、將、常、彩、晞、統、紳、翌、翎、習、婕、婧、笒、翊。

龍喜12劃 捷、淳、添、清、淋、涵、深、淦、球、勝、媛、晰、晴、晶、景、智、期、朝、棟、森、棉、氯、皓、紫、絮、絢、翔、註、詠、雅、雄、雲、須、淀、淥、珺、琈、淼、筌、絜。

龍喜13劃 揚、港、湘、湖、湯、琳、琴、琦、琨、暖、暄、暘、會、楠、盟、睛、祿、絹、聖、詩、詣、詮、雷、馳、馴、湜。

龍喜14劃 郡、瑚、瑜、彰、暢、榮、睿、綽、綠、綺、綿、綵、維、翡、舞、裳、誥、趙、鳳、瑄、瑔、禔、箐、箖、綦。

龍喜15劃 漳、漢、滿、瑤、瑪、樟、樁、瑩、篁、締、緻、緣、緹、誼、諄、賜、輝、醇、震、皞、霈、靚。

龍喜16劃 潔、潮、璋、勳、學、曉、曇、縉、翰、諦、諺、諭、錦、霖、靜、澐、諟。

龍喜17劃 陽、澤、璟、曙、爵、績、總、謙、謄、霞、駿、鴻。

龍喜18劃 濬、濡、濰、環、璨、曜、繡、鵑。

龍喜19劃 璿、璽、繹、譚、贊、鵬、麗、瀅。

龍喜20劃 瓊、繽、耀、釋、飄、騰、瀠。

龍喜21劃 籐。

龍喜24劃 靂、靈。

龍喜26劃 讚。

龍喜27劃 灤、驤。

因篇幅有限，不一一舉例，請直接對照字庫或用姓名學軟體自行診斷姓名吉凶。

你如果是屬龍，首先要了解龍不喜歡的情況，才能了解名字的好壞。

屬龍之人不喜歡字有人字邊，就像被下放人間，古代傳說龍不吃肉也不吃五穀雜糧，更也不願見虎、兔、龍、牛、羊、狗，或有奔跑等字形，持武器字形也不可，不喜有洞穴困住，有木、森林、草字形更不可——如果名字中有以上所舉例之字形就表示名字有破格。

一、屬龍之人避免有「廴」、「弓」、「川」、「几」、「巳」、「邑」、「虫」的字根，會有龍降格為蛇之感，由大變小，地位降低很不是味道之意，膽小、懦弱、無助。

二、屬龍之人避免有「宀」、「戶」、「門」之字根，因為龍不喜洞穴，有被困住的感覺，怕才能無法發揮。

三、屬龍之人避免選用「艸」、「平」、「冊」之字根，龍不喜落入草叢，有龍困淺灘之意，怕才能無法發揮。

四、屬龍之人避免選用有「田」、「甫」之字根，龍也不喜歡下田，有受困之意，易受人陷害。

五、屬龍之人避免選用有「戌」、「成」、「犬」、「國」、「犭」之字根，因辰與戌正沖，犯了正沖，是生肖姓名中的最會與人爭執的字根、一生中看不順眼的人一大堆。

六、屬龍之人避免選用有「山」、「丘」、「虍」、「艮」、「寅」的字根，會犯上了「龍虎鬥」，一生中容易與人有爭執。

七、屬龍之人避免選用有小「口」之字根，會形成「困龍」之意，事業、感情均會被困住。

八、屬龍之人避免有「卯」、「兔」之字根，因為「玉兔見龍，雲裡去」，地支卯辰、相害，一生中小人不斷。

九、屬龍之人避免有「心」、「月」、「忄」之字根，都為「肉」形之意，而龍乃不食人間煙火，葷肉對其而言，更是糟蹋。

十、屬龍之人避免選用有「臣」、「士」、「相」、「人」、「小」、「少」、「工」、「卒」之字根，會使龍降格為臣、為士、為人之意，由尊而卑，氣勢下降，志氣會被磨掉。

如果生肖屬龍的人，名字中有以下文字，那代表名字不符合生肖姓名學理論，請你仔細印證，請在下次命名時盡量避開以下文字。

生肖屬龍之人忌用之字

龍忌2劃 二、人、刀、匕。

龍忌3劃 口、士、小、山、川、工、巳、干、弓。

龍忌4劃 丰、仁、什、仇、介、元、允、化、匹、夭、少、尤、屯、巴、引、心、戈、戶、支、斤、木、比、片、牙、犬、爿。

龍忌5劃 以、付、仕、代、令、仙、充、兄、冉、冊、刊、加、功、仟、卉、占、卯、可、古、右、召、司、另、史、叱、台、句、央、它、尼、巧、平、弘、弗、必、戊、田、由、甲、矛、矢、禾、穴。

龍忌6劃 伙、伊、伍、休、仲、件、任、仰、仳、份、企、先、全、再、列、刑、匡、匠、印、吉、同、各、向、名、合、后、因、回、如、宅、安、尖、屹、州、式、戎、戍、戌、成、旨、曲、朴、次、此、米、羊、聿、臣、艮、件、价、佈、旮。

龍忌7劃

忙、托、位、住、伴、佛、何、估、佐、佑、伺、伸、佃、佔、似、但、作、伯、低、伶、余、佈、克、免、別、判、利、刪、助、吾、吳、呈、呂、告、吠、呀、含、吟、壯、完、宋、宏、局、尾、岑、岌、巫、序、庇、廷、弟、忌、志、忍、攸、束、杏、杜、牢、甫、男、甸、私、秀、究、良、谷、豆、邑、佟、囧。

龍忌8劃

艾、快、抑、狄、狂、些、亞、依、侍、佳、使、供、例、來、佰、佩、侖、佾、侑、兔、刻、券、刷、到、制、協、卓、味、咖、咕、和、周、命、奇、委、姍、官、宜、宙、宛、尚、屈、居、屆、岷、岡、岸、岩、岱、岳、庚、店、府、底、庖、延、弦、忠、忽、念、或、戕、房、所、昂、服、東、枝、林、松、欣、武、版、狀、直、知、秉、空、臥、舍、虎、門、忻、玕、佼、佶、侄、佌、宓、炘。

龍忌9劃

九、罕、肖、怔、怖、怪、怕、怡、性、拒、招、河、泓、治、狗、狐、罔、亭、亮、信、侯、保、促、俟、俊、俗、俐、係、前、剋、則、勇、勉、咨、咸、品、哈、城、姜、姿、威、宣、室、客、宥、屏、屋、峙、峒、巷、度、建、弭、思、急、怎、怨、扁、春、昭、柔、柵、柯、柳、炯、畏、界、昳、相、矜、科、秒、秋、穿、突、竿、美、虹、芊、芃、狘、玡、俋、昫、峸。

龍忌10劃

十、巡、肩、芳、芝、芙、芽、花、芬、芸、恰、恢、恆、恃、恬、指、洲、洞、狩、珊、倍、俸、倩、倆、值、倚、倨、俱、候、修、倪、俾、倫、冤、凍、剛、卿、唐、哥、哲、哭、員、圃、埔、娟、姬、娩、宰、家、宴、宮、容、宸、峽、峻、峨、峰、島、席、庫、庭、座、弱、恣、恐、恕、恩、息、朗、桓、柴、桐、畔、留、益、矩、租、秦、秩、秘、窈、虔、託、躬、高、狨、珋、倢、宬、彧、晟、毧。

龍忌11劃

邢、邪、邦、那、迎、近、胖、胥、胡、胞、胤、范、茅、苣、若、茂、茉、苗、英、苔、苑、苓、苯、茆、悄、悟、悍、悔、悅、悖、捐、挽、浦、假、偃、偌、做、偉、健、偶、偵、偏、條、冕、副、務、勘、動、匿、區、商、唱、問、唯、啤、售、國、域、堅、堂、寇、寅、寄、寂、宿、密、專、屠、崇、崆、崑、崔、崙、崧、崗、巢、康、庸、庶、庵、張、強、彗、悉、悠、扈、啟、晚、曹、梁、桿、欲、瓷、略、畢、異、盛、移、窕、符、紹、細、羚、聊、處、彪、袋、雪、麥、苻、玭、偈、偅、偵、偮、婭、欷、欽、馗。

龍忌12劃

邵、邱、迪、胭、脈、能、荊、草、茵、茌、茲、茹、茶、荀、悽、情、惜、惟、悸、捨、淺、猜、猛、傢、傅、備、傑、剴、創、勞、博、喧、喜、單、喚、喬、壹、孱、富、寓、尋、就、嵐、嵗、巽、幅、廊、廂、弼、彭、惑、悲、悶、惠、扉、敦、斯、棚、棻、款、然、牌、犀、短、稍、程、稅、稀、窘、窗、粟、結、絨、給、善、舒、費、貸、越、超、距、酥、閔、開、閎、黃、黍、郘、茙、減、傌、斌、棫、殘、甯、矞、羢。

龍忌13劃

陀、郎、郁、迷、脯、脩、莎、莞、莘、莫、莒、莊、莓、莉、荷、荻、莆、慨、惶、愉、減、渭、猶、猴、傭、傲、傳、僅、僇、募、勤、勢、匯、嗣、園、塞、嵩、廉、廈、愚、意、慈、感、想、愛、愁、愈、愍、戡、新、楚、歇、照、牒、猷、當、畸、萬、稜、稚、窟、義、羨、群、號、蜀、裝、裕、試、誠、資、農、鉀、鉅、鈿、鉚、雉、鼓、郕、莩、愃、豫、傮、稶、豊、鉞。

龍忌14劃

通、連、造、逢、菩、萍、菁、華、菱、萊、萌、菲、菊、菟、慎、慌、慄、慍、愧、搭、滅、準、獅、猿、瑛、僧、像、僑、兢、劃、匱、嘉、嘈、團、圖、壽、夢、寞、寧、寥、實、察、屢、幕、廓、廖、慇、態、截、榕、榴、歌、熔、熙、獄、監、福、種、稱、精、聞、肇、臧、臺、蜜、誘、豪、賓、趕、輔、輓、銅、閨、閩、閣、鳴、菇、獂、瑊、瑋、屣、蔭、緘、氀。

龍忌15劃

郭、都、逵、逸、進、蒂、落、萱、葵、葉、葛、董、慷、慢、慣、慚、演、漠、漕、滬、億、儀、僵、價、儂、儉、劇、劉、劍、嬌、寬、審、層、履、廚、廟、廣、廠、慶、慧、慕、慰、慾、暮、槽、樓、樂、歐、獎、稿、稼、稽、稷、窯、窮、箴、篇、糊、編、翩、蝴、蝶、豎、賢、賣、質、閱、養、黎、齒、葳、蔆、儆、僾、儌、積、臧、舖。

龍忌16劃 陳、鄉、運、道、達、遍、蓉、蓄、蒙、蒞、蒲、蓓、蒼、憐、憎、憒、澎、潺、潤、潘、潯、儒、儐、劑、器、寰、憲、憩、戰、樺、橋、熾、燃、盧、積、穆、窺、糕、糖、羲、臻、螢、融、諮、謂、鋸、頤、默、蓁、廩、諴、駥。

龍忌17劃 遠、膠、蔽、蔚、蓮、蔓、蔣、蔡、蓬、憶、憾、擋、獨、優、償、儲、勵、嶺、嶽、嶸、彌、應、懂、懇、懋、戲、戴、檔、牆、矯、禪、穗、糟、臨、艱、襄、賽、闊、闈、闆、隳、蓧、蓼、鍼。

龍忌18劃 遭、遷、膳、蕊、蕙、蕩、蕃、蕉、蕭、濤、獲、斷、歟、禮、竄、竅、糧、織、蟬、豐、鎔、闖、闕、蕎、蕕、蕹、鎦。

龍忌19劃 鄭、鄧、選、臆、膺、薪、薑、薇、獵、薦、壞、寵、龐、牘、獸、疇、疆、朦、穫、穩、譁、識、關、靡、類、騙、蘷。

龍忌20劃 還、邁、藏、藍、藉、薰、懷、勸、嚴、寶、懸、朧、獻、竇、醴、闌、麵、齡、鏵、騮。

龍忌21劃 藩、藝、藤、瀾、儷、屬、巍、欄、闢、鶯。

龍忌22劃 藻、蘋、蘇、蘊、懼、巒、彎、懿、權、歡、疊、鑑、酈、灃、驊。

龍忌23劃 蘭、巖、戀、竊、纖、驚、蘩、鷸、鷺。

龍忌24劃 隴、矚、鷹、豔。

龍忌25劃 蘿、廳。

龍忌26劃 灣。

因篇幅有限，不一一舉例，請直接對照字庫或用姓名學軟體自行診斷姓名吉凶。

第十節 生肖屬蛇的特性解說及善、忌用字庫

你如果是屬蛇，首先要了解蛇的特性、才能了解名字的好壞。

蛇喜歡有洞穴住，能披彩衣為佳，能得王掌權最佳，又戴冠，有肉可吃飽，有火邊，又得森林，也得木、得牛、得雞為三合局，如得馬、得羊成三會局——名字中如有符合下述條件者為好名。

一、適宜有「口」、「冖」、「宀」、「戶」、「广」、「門」的字首，因蛇喜歡在洞穴內，有隱匿之所，並可棲息、冬眠，悠遊自如，似有一個溫暖的家。

二、宜有「木」之部首，蛇亦喜歡上樹，有升格變成「龍」之意味，人格提升，受人尊敬。

三、宜有「彡」、「系」、「衣」、「示」、「采」、「巾」、「疋」、「几」等披彩衣的字首，可轉化為「龍」，加其高貴，有升格意味，受人尊敬。

四、適宜有蛇形之字根，如：「辶」、「廴」、「弓」、「辵」、「几」、「巳」、「虫」、「邑」，為同類五行有家族保護的感覺，一生中貴人也比較多。

五、適宜有「忄」、「心」、「月」之字根，因為蛇為葷食，喜食肉類，而「心」是心臟肉，上等肉之意，表此生能得溫飽。

六、喜有龍字形，由小蛇變大龍，「辰」、「貝」、「民」、「鹿」……等，有擔當、有魄力，易受人提把。

七、適宜有「酉」、「羽」、「雞」、「丑」、「生」牛的字首，因地支、巳、酉丑為三合，一生中會有很多貴人。

八、喜有「馬」午及「羊」未的字根，因地支巳、午、未為三會，有幫扶的力量。

如果生肖屬蛇的人，想要命名且能符合十二生肖的喜用字，以下字庫將會為你帶來很大的便捷。

生肖屬蛇喜用字庫

蛇喜1劃 乙。

蛇喜2劃 丁、乃、二、

蛇喜3劃 上、凡、也、于、口、士、夕、大、寸、小、己、已、巾、弓。

蛇喜4劃 丑、中、丹、之、尹、井、互、午、升、巴、心、方、月、木、毛、火、牙、牛。

蛇喜5劃 丙、且、包、可、古、右、司、台、句、尼、巨、弘、必、本、未、末、札、玄、玉、甘、生、用、田、由、甲、目、穴。

蛇喜6劃 再、吉、同、向、后、因、回、妃、如、宇、守、宅、安、寺、帆、年、曲、有、朱、朵、竹、羊、羽、肉、臣、自、色、西。

蛇喜7劃 兌、助、吾、呈、呂、君、告、吟、宋、宏、床、彤、志、束、杏、材、村、杞、杉、甫、男、角、言、辰、邑、酉、里、町、。

蛇喜8劃 忱、事、亞、京、味、奇、宗、定、官、宜、宙、宛、尚、居、幸、忠、念、朋、杭、枋、東、果、林、杰、松、杵、炎、牧、的、長、阜、隹、青、非、忻、宓、炘。

蛇喜9劃 育、怡、性、玥、亭、冠、勇、勉、匍、南、卻、咸、品、哈、奎、姜、姚、宦、客、宥、巷、帝、帥、建、彥、思、柱、柵、柯、柄、柚、柳、炫、為、炳、炬、炯、界、盈、紅、紀、美、虹、計、貞、軍、面、韋、飛、咭、姵、昫。

蛇喜10劃 迅、肯、芳、恆、恬、恪、珊、玲、珍、唐、圃、娜、娟、宰、宮、容、宸、展、師、庫、庭、恕、恩、息、桂、桔、栩、栗、桐、桀、桃、烈、真、純、紐、記、訊、訓、起、邕、配、馬、高、珂、紓。

蛇喜11劃 邦、那、迎、若、苗、悟、悅、振、挺、珮、區、唯、國、堅、堂、婉、尉、常、強、彬、彩、扈、啟、梧、畢、祥、笛、笙、統、紹、紳、許、野、鹿、挹、珧、婕、婞、翊。

蛇喜12劃　防、邵、迢、迪、迥、茵、情、惇、捷、理、勝、博、喜、單、喬、圍、壺、婷、媚、富、尊、就、惠、朝、棠、棟、森、棉、焙、然、甥、答、筑、結、絮、絡、善、翔、肅、舒、評、詔、費、貴、貿、超、辜、雅、雄、集、順、媜、甯、詒。

蛇喜13劃　阿、郁、部、迺、迴、追、揮、琳、園、塘、廉、意、慈、業、楚、楠、極、楨、楫、楓、榆、煉、晴、筠、義、群、裕、詩、詹、農、雷、電、馳、馴、煇、煒、筥、詡。

蛇喜14劃　郡、連、速、造、菩、菁、慎、匱、嘉、團、圖、壽、寧、寥、實、廖、彰、愿、榕、榮、槐、榭、熔、熙、熒、睿、碩、禎、福、管、筵、綜、綠、綺、綵、綸、緒、翟、臺、裳、誌、語、說、誥、賓、趙、輔、銘、鳴、鳳、郜、箐、箖。

蛇喜15劃　陣、逸、進、葉、慷、瑤、瑪、嘻、嬉、嫻、嬌、寬、寫、慶、慰、樣、樞、標、樂、瑩、磊、範、箴、緯、緻、誼、醇、霆、震、養、駐、駕、槿、緗、鋪、靚。

蛇喜16劃 陳、陶、運、道、達、蓉、蓄、蒼、播、器、壇、憲、戰、樺、橋、燕、熹、燃、篤、縈、羲、翰、諺、醒、錦、雕、霖、靜、頤、龍、圜、燁、縜。

蛇喜17劃 隆、遠、遣、遙、蓮、蔭、憶、檀、營、篷、繆、翼、臨、謙、謝、豁、賸、駿、檡、霝。

蛇喜18劃 適、膳、蕊、蕙、蕃、環、叢、檳、繕、繡、繙、蟬、謹、鎮、鵑、燿。

蛇喜19劃 遵、選、蕾、寵、龐、疆、繹、鵲、鵬、麗、鵰。

蛇喜20劃 還、邁、懷、嚴、寶、懸、觸、議、飄、騫、騰。

蛇喜21劃 隨、臘、瓏、櫻、譽、鐸、顧、驅、鶯、鶴、贔。

蛇喜22劃 彎、懿、權、疊、讀、懽、孋、爟、驊。

蛇喜23劃 欏、驛、麟。

蛇喜24劃 隴、靈、靄、鷹。

蛇喜26劃 讚。

蛇喜27劃 驤。

蛇喜30劃 鸞。

蛇喜32劃 籲。

因篇幅有限，不一一舉例，請直接對照字庫或用姓名學軟體自行診斷姓名吉凶。

你如果是屬蛇，首先要了解蛇不喜歡的情況，才能了解名字的好壞。

屬蛇之人不喜歡字有人字邊，就像「人見蛇就怕」，不吃五穀雜糧吃不飽，如與虎變相害，如與豬成六沖，見太陽怕太熱，有武器字形怕傷人——如果名字中有以上所舉例之字形就表示名字有破格。

一、忌有「艸」之字根，俗稱「打草驚蛇」，而蛇如在草叢中活動，雖有遊走的空間，但也容易被人發現，還要遭受到風吹雨打，比較辛苦。

二、忌有「水」、「子」之字根，因為蛇之地支屬火，遇有「水」之字根，犯了水火相剋之破綻，一生中挫折很多。

三、忌有「亥」、「豕」豬的字根，因為地支蛇與豬對沖，一生中看不順眼的人很多。

四、忌有「虎」、「艮」、「寅」、「申」、「袁」部字首，因為「虎」與「蛇」、「猴」為相刑害，古云：「蛇遇猛虎似刀戳。」一生中看不順眼的人很多。

五、忌有「日」之字根，因為蛇是冷血動物，怕太陽太熱，蛇大都是在洞穴、樹蔭下活動，鮮少曝曬日光下，遇日會變成人見人討厭的人。

六、忌有「人」之字根，因為蛇不喜歡碰到人，人類是其敵人之一，人類將蛇代表邪惡，見到就要打，也代表小人很多。

七、忌有「豆」、「米」、「禾」類五穀五雜糧素食字根，因為蛇為葷食動物，喜食青蛙等肉類食物，不宜有「豆」等字根，如犯之，則表示其人內心不服輸，脾氣大，又有失落感，因為有食物，卻不是自己喜歡吃的食物之故也。

八、忌用有「乂」、「入」、「厶」、「儿」、「八」之字根，畫蛇添足，多此一舉，做事拖拖拉拉，會有事倍功半的感覺。

如果生肖屬蛇的人，名字中有以下文字，那代表名字不符合生肖姓名學理論，請你仔細印證，請在下次命名時盡量避開以下文字。

生肖屬蛇之人忌用之字

蛇忌2劃 人、入、刀、匕、又。

蛇忌3劃 久、子、山、干。

蛇忌4劃 丰、仁、什、仇、仍、今、介、允、公、化、友、及、夭、孔、少、引、戈、支、文、斤、日、比、水、父、片、爿。

蛇忌5劃 丘、乏、以、付、仕、代、令、仙、刊、加、功、北、仟、卉、占、召、叱、外、央、它、平、幼、旦、永、皮、矛、矢、禾、立。

蛇忌6劃 氾、丞、亥、伙、伊、伕、伍、休、仲、件、任、仰、仳、份、企、光、全、冰、列、刑、多、存、式、戎、收、早、旨、旬、旭、次、此、牟、米、艮、求、仵、价、伂。

蛇忌7劃 托、汝、江、池、汐、汎、位、住、伴、佛、何、估、佐、佑、伺、伸、佔、似、但、作、伯、低、伶、余、佈、冷、別、判、利、呀、壯、孝、岑、巫、庇、弟、改、攻、攸、步、矣、私、秀、良、豆、佟、佘。

蛇忌8劃

艾、沙、沈、沅、沛、汪、決、沐、汰、沖、汲、汴、沍、沂、些、依、侍、佳、使、供、例、來、佰、佩、侖、佾、侑、函、刻、券、刷、到、制、協、卓、取、叔、受、和、命、委、孟、季、岡、岸、岩、岱、岳、弦、或、戕、承、旺、易、昌、昆、昂、明、昀、昏、昕、昊、昇、枝、欣、爭、版、狀、直、知、祀、秉、臥、虎、泫、玗、佼、佶、侄、仳、旻、杶、炅、炖。

蛇忌9劃

罕、芋、披、注、泳、河、沼、波、法、泓、沸、油、況、沿、治、泛、泊、泠、亮、信、侯、俠、俏、保、促、俟、俊、俗、俐、係、前、剋、則、叛、咳、威、孩、宣、弭、春、昭、映、昧、是、星、昱、染、柔、柏、泉、矜、禹、科、秒、秋、穿、竿、風、香、泰、芊、芃、玡、俋、衵、昺、蝝。

蛇忌10劃

十、芝、芙、芽、花、芬、芥、芸、芷、指、拯、洋、洲、洪、流、津、洞、洗、活、洽、派、洶、洛、洸、洵、倍、俸、倩、倆、值、倚、倨、俱、倡、候、修、倪、俾、倫、倉、凍、凌、剛、卿、孫、家、峻、峰、島、弱、時、晉、晏、晃、晁、書、核、根、桑、益、矩、租、秦、秩、秘、粉、素、級、虔、託、豈、躬、酒、芮、洳、洺、洁、倢、晟、紘。

蛇忌11劃

邪、范、茅、茂、茉、苒、英、苔、苑、苓、苯、浪、消、浦、浸、海、浙、浮、浚、浩、涅、琉、假、偃、偌、做、偉、健、偶、偵、倏、副、務、勘、動、參、曼、唱、唬、夠、婚、寅、密、將、崇、崖、崢、崔、崙、崧、崗、彗、悠、敝、救、晚、晤、曹、朂、梁、桿、欲、烯、爽、眾、移、紘、處、彪、被、袖、袋、豚、麥、苾、苻、浤、涂、玼、偈、偅、偩、偮、欷、欸。

蛇忌12劃

邱、能、荊、草、荏、茲、茹、茶、茗、荀、荃、掙、涼、淳、淙、液、淡、添、淺、清、淇、淋、淑、淞、混、淵、涵、深、淨、淦、琅、球、傢、傅、備、傑、凱、剴、創、勞、場、堤、壹、嵐、幾、廊、弼、彭、敢、散、斯、普、晰、晴、晶、景、智、曾、棻、款、牌、皓、短、稍、程、稅、稀、筍、粟、絨、紫、虛、象、貸、酥、鈍、閎、雯、黃、黍、黑、淀、淥、傌、淼、戕、斎。

蛇忌13劃

陀、郎、迷、脩、莎、莞、莘、莫、莒、莊、莓、莉、荷、荻、莆、提、揚、港、游、渡、湧、湛、渤、湖、湯、渺、湃、滋、渙、湄、湟、琥、傭、傲、傳、僅、催、僇、募、勤、勢、匯、嫁、嵩、愛、戡、新、暗、暉、暖、暄、會、楊、歇、照、牒、睜、祿、萬、稜、稚、羨、虞、號、裘、裝、該、試、豢、鉀、雉、頓、鼓、莩、渼、湞、渱、豫、幏、粲、豥。

蛇忌14劃

逐、萍、華、菱、萌、菲、菊、溶、源、溥、溫、準、滄、滔、溪、瑯、瑛、署、僧、像、僑、劃、夥、夢、幕、截、暢、歌、爾、種、稱、端、箏、精、綱、聚、臧、誘、豪、趕、銀、逑、菇、搋、溱、溎、瑑、瓩。

蛇忌15劃

蒂、落、萱、葵、葛、董、慢、摧、漳、演、滾、漓、漠、漂、漢、滿、漆、漲、漣、漫、漪、滬、滌、億、儀、僵、價、儂、儉、劇、劉、劍、增、廣、慮、慕、數、暮、暴、槽、槳、歐、毅、獎、稿、稼、稽、稷、稻、篆、緣、諍、豎、豬、質、輝、魯、黎、齒、陟、蔆、滸、儆、僾、儌、禠、稹、虢、鋐。

蛇忌16劃 遂、遇、蒙、蒞、蒲、蓓、澄、潔、潭、潛、潮、澎、潤、潘、儒、儐、劑、勳、曆、曉、曄、曇、樹、橡、機、熾、盧、積、穆、糕、糖、臻、豫、鋼、錄、錚、骸、蒨、濆。

蛇忌17劃 陽、遞、膚、蔽、蔚、蔓、蔣、蔡、蓬、據、濃、澤、濁、激、優、償、儲、勵、嚎、壕、嶺、嶽、嶸、彌、懂、戲、戴、曙、燧、牆、矯、穗、糠、艱、虧、錫、闊、隸、鴻、蕿、蓨、蔘、濈、濛、檖。

蛇忌18劃 蕩、蕉、蕭、濘、濱、濟、濠、濤、濫、濯、濬、濡、濕、斷、曜、朦、檬、歟、穠、糧、織、繒、豐、雙、題、遯、蕎、蕥、璲、繸、穟、橼、鎵。

蛇忌19劃 薪、薑、薔、薛、薇、濾、瀑、薦、嚥、廬、曝、牘、穫、穩、譁、識、靡、類、薏、薆、繸、檖、鐿。

蛇忌20劃 遽、藏、藍、藉、薰、瀚、瀝、勸、曦、爐、獻、纂、耀、齡、鏵、鐌。

蛇忌21劃 隧、邃、藩、藝、藤、瀰、儷、藹、瀴、鐩。

蛇忌22劃 蘆、蘋、蘇、蘊、歡、灃、籙。

蛇忌23劃 蘭、巖、曬、孌、虆、鸖。

蛇忌24劃 豔。

蛇忌25劃 蘿、顱、灝。

蛇忌26劃 灣。

因篇幅有限，不一一舉例，請直接對照字庫或用姓名學軟體自行診斷姓名吉凶。

第十一節　生肖屬馬的特性解說及善、忌用字庫

你如果是屬馬，首先要了解馬的特性，才能了解名字的好壞。

馬喜歡有洞穴住，能披彩衣為佳，能得王又能傳令更顯高貴，得人騎表有被照

顧，有五穀雜糧，有火邊、有太陽、有武器、得森林、得草原或平地、得奔跑字形，得虎、得狗為三合局，得蛇、得羊為三會局。

一、宜用有「艸」字根之字，因馬為素食動物，有草則頭好身壯，糧食豐盛，則內心世界充實——名字中如有符合者為好名。

二、喜用有龍之字形，代表「龍馬精神」。積極、生氣、活力、有幹勁，容易成功之意。

三、喜有雜糧之字根，如：「禾」、「麥」、「叔」、「稷」、「豆」、「粟」、「粱」。因馬除了喜食草以外，五穀雜糧亦為其主食，表一生衣食無缺。

四、喜有「木」字根，因馬在林間來去自如，有樹木也可以遮陽，表悠遊自在、能適應各種環境。

五、喜用有「宀」、「冖」、「广」、「門」、「冊」之字形，表示有屋簷、洞穴可遮風避雨，表有一個溫暖的家。

六、喜用有「系」、「巾」、「彡」、「衣」、「疋」、「采」之部首，好馬方能被人披上彩衣。帶冠有：「亠」、「癶」之字根有頭角崢嶸、有被尊敬的感覺。

七、馬喜有三合之字根，如：「寅」、「戌」及三會的字根，如：「巳」、「未」表貴人增多。

如果生肖屬馬的人，想要命名且能符合十二生肖的喜用字，以下字庫將會為你帶來很大的便捷。

生肖屬馬喜用字庫

馬喜1劃 乙。

馬喜2劃 人、力。

馬喜3劃 三、上、凡、也、于、口、士、大、寸、小、川、己、已、巾。

馬喜4劃 才、之、尹、仍、今、介、內、午、升、天、屯、巴、引、方、木、火、犬。

馬喜5劃 丙、世、乍、乏、付、仕、代、令、仙、出、包、尼、巨、巧、弘、本、未、札、正、民、玄、申、禾、立。

馬喜6劃 伊、休、仲、任、仰、企、光、全、吉、向、宇、守、安、寺、州、帆、弛、戌、成、竹、羊、羽、而、臣、艮、衣。

馬喜7劃

位、何、佑、伸、作、伯、佈、利、助、吾、吧、妍、好、宋、希、序、廷、彤、村、杞、杉、秀、究、良、言、貝、走、車、辰。

馬喜8劃

依、佳、佩、味、和、奉、奇、妹、妮、定、宜、宛、尚、岱、幸、府、弦、杭、東、林、杰、武、直、秉、虎、采、長、青、佶。

馬喜9劃

亭、信、侯、俊、係、冠、勁、南、咸、城、姜、威、建、彥、柄、炫、為、炳、炬、炯、炮、炤、盈、相、眉、科、秒、秋、突、紅、紀、約、美、貞、軍、韋、音、香、芎、姞、姝、姵。

馬喜10劃

迅、迄、巡、芳、芝、芭、芽、花、芬、芥、芷、乘、倍、倖、值、倫、原、唐、圃、宸、射、展、庭、旅、根、桂、桐、桀、烈、真、秦、素、純、納、航、記、訊、訓、財、起、芫、芮、芩。

馬喜11劃

邦、那、近、若、茂、茉、英、苑、苞、振、偌、偉、健、國、培、婉、寅、常、康、強、彬、彩、旋、晨、梁、梵、梧、烽、盛、祥、笠、第、符、統、紹、紳、翌、處、彪、許、章、苹、苻、婕、烺、翊。

馬喜12劃 逑、迪、荐、草、茵、荏、茶、茗、茱、捷、猛、凱、博、壹、媚、媛、崴、棠、棟、森、植、焦、無、然、登、發、程、稅、童、竣、策、筆、筑、結、善、翔、舒、評、費、貴、越、超、趁、跑、辜、開、閑、雅、集、項、順、須、寪、焯、焱、絜、軫。

馬喜13劃 迺、荷、莆、猶、琳、琥、傳、勤、園、圓、廉、彙、新、業、楚、楠、楨、楓、榆、楣、煤、煌、煥、煖、牒、祿、萬、稚、稠、稟、經、綏、義、群、裕、詳、詩、誠、詮、詹、農、靖、僊、嫄、椲、煇、煒、稑、豊。

馬喜14劃 這、通、連、透、逢、逖、途、菩、菁、華、菲、菊、獅、瑞、像、夢、嫦、嫣、實、對、廖、彰、榮、榷、榭、榕、熙、熊、熒、睿、種、端、筵、箏、綻、綠、綱、綺、綸、維、肇、舞、賓、趙、輔、領、颯、鳳、齊、菀、菘、榞、熏、箐、緁、綦。

馬喜15劃 逵、週、逸、進、萱、葦、葉、儀、儂、嫻、寬、寫、樣、樟、標、樂、樑、瑩、稼、穀、稻、範、箴、篇、練、緯、緻、蝶、誼、諒、誕、論、諍、賦、賢、賜、質、輝、霆、震、頡、駙、逯、葳、萩、葰、緗。

馬喜16劃 鄆、運、道、達、蓉、蓓、蒼、儒、儐、勳、樺、橙、樹、樵、熾、燈、燃、積、穎、穆、篤、縈、縉、翰、螢、融、諺、錦、霖、靜、頤、龍、蓁、蒨、廩、燁、燊。

馬喜17劃 遠、遙、蔗、蓮、蔬、蔭、燧、燦、燭、篷、績、謙、謝、賽、轅、檡、燡。

馬喜18劃 鄘、遮、叢、檳、禮、穠、簫、繕、繡、謹、豐、顏、馥、儱、燿。

馬喜19劃 鄧、選、薪、璿、寵、龐、穫、穩、證、麗、顗。

馬喜20劃 邁、寶、獻、競、籍、繽、耀、議、飄、馨。

馬喜21劃 邈、儷、櫻、欄、躍。

馬喜22劃 蘋、彎、讀、孋。

馬喜23劃 蘭、欐、麟、欒。

馬喜26劃 讚。

因篇幅有限，不一一舉例，請直接對照字庫或用姓名學軟體自行診斷姓名吉凶。

你如果是屬馬，首先要了解馬不喜歡的情況，才能了解名字的好壞。

屬馬之人不宜有肉字邊，碰到老鼠成六沖，遇牛則成六害，遇水字形則成水火相剋，最好不要見山，會太勞累——如果名字中有以上所舉例之字形就表示名字有破格。

一、屬馬之人名字不宜有兩個人的字根，如「彳」，因為好馬不配雙鞍，如犯之，則為無節之馬，不忠、不貞、濫情、情愁。

二、屬馬之人名字不宜見到「心」、「月」、「忄」之字根，因其代表葷食，而馬為素食動物，表示看得到吃不到，一生為生活打拼。

三、屬馬之人名字不宜有「子」、「壬」、「氵」、「癸」、「北」之字根，容易有水火相沖，因馬為火，不宜選用有水之字形，否則生活中會衝突不斷。

四、屬馬之人名字不宜有「田」、「甫」、「車」字根之字，表示淘汰的馬，有委曲求全還被人嫌，當做下田耕種用的工具，表會勞苦一生。

五、屬馬之人名字不宜有「山」之字根，因馬在山路跑，相當辛苦，一生辛苦經營，收穫卻不多。

六、屬馬之人姓名三個字中不宜見到兩個口或雙日，因兩口馬形成「罵」字，容易招人嫌，是非多，衰運連連，做事不順。

七、屬馬之人名字不宜見到有「牛」、「丑」，因為自古青牛遇白馬，不戰而逃、因小人不斷。

八、屬馬之人名有「又」、「入」、「儿」之字形有心猿意馬，腳開開為病馬，表福德不定

如果生肖屬馬的人，名字中有以下文字，那代表名字不符合生肖姓名學理論，請你仔細印證，請在下次命名時盡量避開以下文字。

生肖屬馬之人忌用之字

馬忌1劃 一。

馬忌2劃 乃、二、又。

馬忌3劃 夕、子、山。

馬忌4劃 丑、予、仁、允、公、友、及、孔、少、心、文、日、月、水、父、牛。

馬忌5劃 仔、冉、冬、北、台、外、孕、平、幼、必、旦、永、生、田、由、甲、皮。

馬忌6劃 汀、氾、丞、再、冰、多、好、字、存、年、收、早、旨、旭、有、次、牟、米、求。

馬忌7劃 忙、汝、江、池、汐、汕、汛、汎、佃、但、冷、呂、告、壯、妞、妙、孝、孜、孚、孛、岌、彷、役、忌、志、忍、改、攻、李、步、牢、牡、甫、男、甸、矣、私、町。

馬忌8劃 艾、快、扭、抒、沙、沈、沅、沛、汪、決、沐、汰、沖、汽、汲、汾、汴、汶、沍、沂、乳、亞、享、其、函、取、叔、受、咖、姓、孟、孤、季、岷、岡、岳、往、征、彼、忠、忽、念、承、旺、易、昌、昆、昂、明、昀、昏、昊、昇、服、朋、牧、物、祀、忻、汯、旻、炅。

馬忌9劃

育、怔、怖、怪、怕、怡、性、拒、披、注、泳、河、沼、波、法、泓、沸、油、況、沿、治、泛、泊、泠、玥、勃、厚、叛、品、哈、姿、宣、宥、峒、很、律、後、思、急、怎、怨、春、昭、映、昧、是、星、染、柵、柏、泉、牲、牴、畏、界、禹、籽、泰、咭、衵、竑。

馬忌10劃

肯、恰、恢、恆、恃、恬、拯、洋、洲、洪、流、津、洗、活、洽、派、洶、洛、洵、倡、凍、凌、哥、姬、孫、峭、峽、峻、徒、徐、恣、恐、恕、恭、恩、息、時、晉、晏、晃、晁、書、朔、桑、特、畔、留、秘、粉、紐、級、酒、洳、洺、洁、眕、紘、翃。

馬忌11劃

胖、胥、背、胡、胞、胤、范、苣、悄、悟、悍、悔、悅、悖、浪、消、浦、浸、海、浙、浮、浚、浩、涅、琉、參、曼、唱、堅、夠、婚、孰、崇、崎、崢、崑、崙、崧、崗、庸、得、從、御、悉、悠、潎、救、教、啟、晚、晤、曹、勗、望、烯、爽、牽、犁、瓷、產、略、畢、異、眸、粒、紘、細、羞、被、袖、袋、浤、浡、涂、娸、婭。

馬忌12劃 胭、脈、能、悽、情、惜、惟、悸、惇、涼、淳、淙、液、淡、添、淺、清、淇、淋、淑、淞、混、淵、涵、深、淮、淨、淦、球、勝、喜、單、喬、場、堤、孳、富、尊、幅、幾、復、循、悲、惠、敦、敢、散、普、晰、晴、晶、景、智、曾、期、朝、椅、棋、犀、甥、畫、皓、粥、詠、距、鈕、閎、雯、黍、黑、淀、淥、惢、淼、甯。

馬忌13劃 郁、莎、莫、慨、惶、愉、提、揚、港、游、渡、湧、湊、湛、湘、渤、湖、渭、湯、渺、湃、滋、渙、湄、湟、琪、琦、匯、嵩、微、愚、意、慈、感、想、愛、愁、愈、愍、暗、暉、暖、暄、會、楊、照、煦、當、畸、祺、羨、裘、鉀、鉅、鈿、預、愃、渼、湞、湏、粲。

馬忌14劃 造、慎、慌、慄、慍、愧、溶、源、溥、溫、準、滄、滔、溪、署、嘉、壽、夥、徹、愨、態、暢、爾、犒、監、福、粹、精、臺、誥、郜、逑、溱、溎。

馬忌15劃 郭、慷、慢、慣、慚、漳、演、滾、漓、漂、漢、滿、漆、漲、漣、漫、漪、滬、滌、嘻、增、墩、德、徵、慶、慧、慕、慰、慾、數、暮、暴、槽、畿、諄、賣、醇、靠、駐、魯、黎、陟、滸、鋐。

馬忌16劃 陳、遊、遇、蓄、蒞、憐、憎、憒、澄、潔、潭、潛、潮、澎、潤、潘、冀、器、學、憲、憩、戰、曆、曉、曇、機、燕、諮、謂、醒、錄、潰。

馬忌17劃 陽、隆、膠、憶、憾、擋、濃、澤、濁、澳、激、孺、嶺、應、懂、懇、懋、曙、檔、糠、臨、錫、闊、隸、駿、鴻、濺、濮。

馬忌18劃 膳、蕙、蕩、濘、濱、濟、濠、濤、濫、濯、濬、濡、濕、環、曜、繒、鼇、雙、題、騎、鵠、騏。

馬忌19劃 遲、臆、薑、薇、濾、瀑、嚥、壞、曝、犢、疇、疆、矇。

馬忌20劃 懷、瀚、瀝、嚴、懸、曦、朧、纂、騰、麵。

馬忌21劃 藩、藤、瀰、巍、籐、瀴。
馬忌22劃 懼、孿、疊、鑑、籙。
馬忌23劃 戀、曬、纖、變。
馬忌24劃 隴。
馬忌25劃 灝。
馬忌26劃 灣、驥。
因篇幅有限，不一一舉例，請直接對照字庫或用姓名學軟體自行診斷姓名吉凶。

第十二節　生肖屬羊的特性解說及善、忌用字庫

你如果是屬羊，首先要了解羊的特性、才能了解名字的好壞。

羊喜歡有洞穴住，得人疼，有五穀吃、有太陽曬，又能得森林及草原或平地，當然能得木字形也不錯，如得兔或得豬即成三合局，如得蛇或得馬即成三會局，如得柵欄得家——名字中如有符合下述條件者為好名。

一、羊喜有「木」、「未」（土中藏火）之字根，因木可遮蔭亦有依靠，一生貴人很多。

二、羊喜有大「口」、「宀」、「門」、「广」、「戶」之字根，即有洞穴可休息、可得溫飽。

三、羊有跪乳習慣，喜見有「几」之字根，表此生能知恩圖報，為人謙卑。

四、羊喜有三合或三會的字根，如三合之字根有「豕」與「卯」，三會之字根有「蛇」「巳」與「馬」「午」表一生多貴人助。

五、羊喜吃草，故有「艸」字根者，對屬羊者大有幫助，因能得溫飽。

六、羊亦喜五穀雜糧，因羊為素食動物，喜有「米」、「麥」、「禾」、「豆」、「稷」、「叔」之字根，表能得溫飽，一生工作順利。

如果生肖屬羊的人，想要命名且能符合十二生肖的喜用字，以下字庫將會為你帶來很大的便捷。

生肖屬羊喜用字庫

羊喜1劃乙。

羊喜2劃丁、乃、几、力。

羊喜3劃丸、凡、久、也、士、寸、小、川、己、巳。

羊喜4劃丹、之、尹、云、允、午、升、少、屯、巴、引、木、火。

羊喜5劃丙、世、乏、充、尼、巧、平、弘、本、玄、田、由、甲、禾、立。

羊喜6劃先、印、名、合、回、圳、地、在、圭、妃、宇、守、安、弛、曲、朵、竹、老、而、臣、自、至。

羊喜7劃兌、克、助、均、圻、妙、妍、妤、宋、宏、廷、村、杞、步、甫、男、私、秀、豆、里、妘、町。

羊喜8劃亞、兔、典、和、坤、妹、定、宜、宙、宛、尚、居、屆、岳、幸、延、弦、杭、東、果、林、杰、松、炎、秉、舍、青。

羊喜9劃芋、亮、信、勇、勉、匍、南、品、垂、室、宥、封、巷、建、扁、柵、柄、柳、炫、為、炳、盈、科、秒、秋、風、芎、垚。

羊喜10劃迅、巡、芳、芝、芽、芹、花、芸、芷、原、圃、埔、埼、娜、娟、娥、家、容、庭、桂、桃、殊、烈、畔、秦、秩、航、起、軒、馬、芫。

羊喜11劃 邦、那、迎、近、若、茂、苗、英、苑、堅、基、培、婉、專、庶、強、梁、梵、梨、烽、畢、笛、章、苹、埜、婕、娸。

羊喜12劃 逑、迪、草、捷、凱、博、喜、喬、媚、富、弼、棟、森、棣、棋、焚、無、登、發、程、稅、童、筍、筑、粟、舒、貴、開、閑、閎、雅、雄、集、順、茜、焱。

羊喜13劃 莞、莆、圓、廉、彙、敬、業、楠、楓、楣、煉、煥、萬、稜、稚、節、筠、粱、義、詩、跳、靖、馳、馴、郅、楙、稑、粲、豊。

羊喜14劃 通、速、逐、逢、菁、華、菊、嘉、境、夢、榮、榴、槐、熙、睿、端、筵、精、豪、輔、颯、魁、菀、菫、菘、墉、墐、槊、槺、箐、箖。

羊喜15劃 逸、進、葉、嫻、寬、樂、毅、稼、穀、範、蝶、豎、賢、遂、萩、槿。

羊喜16劃道、遂、達、蓉、蒙、蒼、樺、橙、樹、橡、橋、燕、篤、臻、螢、豫、霖、靜、蓁、燁。

羊喜17劃遠、遙、遛、蔗、蓮、蔬、燭、穗、篷、臨、駿、檡。

羊喜18劃適、檬、簣、豐、蹕、藝。

羊喜19劃鄰、選、薪、穫、簾、證、韻。

羊喜20劃邁、薰、躂、馨。

羊喜21劃隧、藝、躍。

羊喜22劃蘋、驊。

羊喜23劃蘭、驛。

羊喜24劃艷。

羊喜26劃驥。

因篇幅有限，不一一舉例，請直接對照字庫或用姓名學軟體自行診斷姓名吉凶。

你如果是屬羊，首先要了解羊不喜歡的情況，才能了解名字的好壞。

屬羊之人不宜有肉字邊，碰到老鼠成六害，碰到牛成六沖，碰狗或龍成天羅地網，披彩衣太漂亮怕被宰，如見王掌權易惹人怨，遇奔跑字形會怕事，有武器字形不妥，見水字形影響健康——如果名字中有以上所舉例之字形就表示名字有破格。

一、屬羊之人不喜見到對沖的生肖，如：「丑」、「牛」，及相害的生肖「鼠」、「子」之字根，因刑剋較重，表示一生小人不斷。

二、屬羊之人不宜見到天羅地網的字，因「辰」為天羅、「未」為地網，同理亦不宜見到「戌」、「犬」，即「辰」、「戌」、「丑」、「未」均不宜見到，一生理想施展不開。

三、屬羊之人不喜見到「示」部字根，有如當祭品供奉用，一生奉獻委曲而得不到讚賞，因羊在中國為主要的三牲之祭物。

四、屬羊之人不宜見到有彩衣之類字根，如：「巾」、「衣」、「系」、「采」、「日」、「光」，因為羊如果披上彩衣、加冠，華麗其身時，就表示即將成為供品了，當三牲之禮也。

五、屬羊之人不宜有「心」、「月」、「忄」之字根，因羊為素食動物，見到肉類葷食，內心不充實，有失落、失意之感，看得到的肉，卻不是自己喜歡的糧食，內心定會苦悶、鬱卒。

六、屬羊之人不喜有「大」、「王」、「帝」、「君」、「長」之字根，羊為三牲之一，羊長大了容易被用來當祭品、供品，意味犧牲、奉獻，為別人而活，一生將會很辛苦。

七、屬羊之人不喜見到有「水」、「北」、「子」、「亥」之字根，因為羊是所有動物中最不喜愛喝水的。如果水喝多了，容易新陳代謝不良，故會影響其行運、健康、財運。

七、屬羊之人其也不喜之字形，如：「刀」、「皿」、「金」、「酉」、「車」等，有怕被傷害的感覺、內心充滿不安的感覺。

如果生肖屬羊的人，名字中有以下文字，那代表名字不符合生肖姓名學理論，請你仔細印證，請在下次命名時盡量避開以下文字。

生肖屬羊之人忌用之字

羊忌1劃 一。

羊忌2劃 二、刀、匕。

羊忌3劃 大、子、巾、干、弓。

羊忌4劃 丑、予、仁、什、今、天、夫、太、孔、心、戈、支、文、斤、日、比、水、片、牙、牛、王、爿。

羊忌5劃 主、仔、代、冬、刊、加、功、北、占、古、召、叱、央、孕、它、巨、市、布、弗、必、旦、永、玉、生、皿、矛、矢、示。

羊忌6劃 丞、光、冰、列、刑、吉、夷、好、字、存、帆、年、式、戎、戌、成、早、旨、旭、有、次、此、牟、衣、求。

羊忌7劃 忙、忖、托、汝、江、池、汐、汕、汎、佔、但、作、伯、伶、冶、冷、別、判、君、告、呀、坎、壯、夾、妞、孝、孜、孚、孛、希、庇、弟、彤、形、忘、忌、志、忍、李、杉、牢、牡、系、車、辰、酉、礽。

羊忌8劃 忱、快、忸、扭、抒、沙、沈、沅、沛、汪、決、沐、汰、沖、汽、汲、汴、汶、沍、沂、狄、玖、乳、些、享、依、例、函、刻、券、刷、到、制、協、奉、奇、奈、姓、孟、孤、季、帛、忠、忽、念、或、戕、承、旺、易、昌、昆、昂、明、昀、昏、昕、昊、昇、服、朋、枝、欣、版、牧、物、狀、直、知、社、祀、祁、糾、初、采、金、長、忡、忻、汯、玕、仳、旻、炅。

羊忌9劃 罕、育、怔、怖、怪、怕、怡、性、怩、拒、注、泳、河、沼、波、法、泓、沸、油、況、沿、治、泛、泊、泠、狐、玨、玟、玫、玥、表、係、前、剋、則、勃、厚、奕、奏、奎、奐、姿、孩、宣、帝、帥、弭、彥、思、急、怎、怨、春、昭、映、昧、是、星、染、柔、架、柏、泉、炬、牲、牴、矜、祉、祈、祇、穿、竿、籽、紂、紅、紀、紉、紇、約、紆、美、羿、衫、泰、怜、玡、玦、玠、衵、柰、祆、紈。

羊忌10劃 十、股、肴、肯、恍、恰、恢、恆、恃、恬、指、拯、洋、洲、洪、流、津、洗、活、洽、派、洶、洛、洸、洵、珊、玲、珍、珀、玳、倡、修、凍、凌、准、剛、唐、套、奘、奚、姬、孫、席、師、恣、恐、恕、恭、恩、息、時、晉、晏、晃、晁、書、朔、朗、栩、特、矩、祕、祐、祠、祟、祖、神、祝、祚、秘、紡、紗、紋、素、索、純、紐、級、紜、納、紙、紛、翁、袁、袂、衽、託、躬、酒、恂、洳、洺、洁、珅、倧、扆、祜、祓、紘、紓、衿、衾。

羊忌11劃

邪、胖、胥、背、胡、胞、胤、范、茅、苣、苓、悄、悟、悍、悔、悌、悅、悖、浪、消、浦、浸、海、浙、浮、浩、涅、班、琉、珮、珠、副、務、勘、動、曼、唱、唬、國、婚、孰、將、崇、常、康、張、彬、彩、彫、悉、悠、救、教、旋、晚、晤、晨、曹、勗、望、桿、烯、牽、犁、瓷、產、畔、祥、祭、紘、統、紮、紹、紼、細、紳、組、終、羞、羚、翎、聆、彪、被、袓、袖、袍、袋、責、悒、浤、浡、涂、玭、珣、珩、婭、紵、紾、袗。

羊忌12劃

胭、脈、能、悽、情、惜、惕、惟、悸、惇、掛、採、捺、涼、淳、淙、液、淡、添、淺、清、淇、淋、淑、淞、混、淵、涵、深、淮、淨、淦、猛、琅、球、理、現、剴、創、勞、勝、場、堤、壹、孳、尊、幀、彭、悲、惠、敦、斯、普、晰、晴、晶、景、智、曾、期、朝、棕、椅、牌、犀、甥、番、皓、短、等、結、絨、絕、紫、絮、絲、絡、給、絢、翕、裁、裂、視、詠、診、費、距、鈕、須、黍、黑、淀、淥、琁、琇、珺、淼、[illegible]、甯、喬、絪、絜、軫。

羊忌13劃　陀、郁、脩、莎、莫、莊、莉、慨、惶、愉、提、揚、港、游、渡、湧、湊、湛、湘、渤、湖、湯、渺、湃、滋、渙、湄、湟、猶、琪、琳、琥、琴、琮、琦、琨、勤、勢、匯、愚、意、慈、感、想、愛、愁、愈、愍、戡、暗、暉、暖、暄、會、楊、照、牒、猷、祺、祿、禁、稟、經、絹、綏、羨、群、裟、裙、補、裘、裝、裕、試、鉀、鉅、雉、零、預、愃、渼、湞、渱、琮、琬、琰、煒、絻。

羊忌14劃　郡、造、慎、慌、慄、慍、愧、溶、源、溥、溫、準、滄、滔、溪、獅、瑚、瑟、瑞、琿、瑙、瑛、瑜、署、劃、壽、寥、廖、彰、慇、態、截、暢、犒、監、碧、禎、福、禍、粽、綻、綰、綜、綽、綾、綠、緊、綴、網、綱、綺、綢、綿、綵、綸、維、緒、緇、綬、臧、裴、裸、製、褚、誥、趕、閨、滕、郜、逑、愫、溱、潍、瑄、瑋、瑗、緁、緓、緆、緋、綖、綦、裱、魹。

羊忌15劃
郭、慷、慢、慣、慚、漳、演、漓、漂、漢、滿、漆、漲、漣、漫、澈、漪、滬、滌、瑤、瑣、瑰、劇、劉、劍、增、墩、審、幟、影、慶、慧、慕、慰、慾、暮、暴、槽、槳、獎、瑩、締、練、緯、緻、緘、緬、編、緣、緞、緩、緲、翩、褐、複、褓、褊、諄、賣、質、輝、醇、靠、魯、黎、齒、摎、滸、漻、褌、褋、褙。

羊忌16劃
陳、遊、蒞、憐、憎、憤、澄、潔、潭、潛、潮、澎、潤、潘、璋、璃、瑾、璀、冀、劑、勳、奮、學、憲、憩、戰、曆、曉、曇、熾、禦、穎、縑、縈、縣、縝、縉、褪、褲、褫、諮、醒、錄、頤、潰、璇、璉、縕、錼。

羊忌17劃
陽、隆、膠、蔣、憶、憾、濃、澤、濁、澳、激、獨、璟、璞、勵、孺、彌、應、懂、懇、懋、戲、戴、曙、曖、牆、矯、禧、禪、糠、績、繆、縷、總、縱、繂、縵、翼、聰、褻、褸、錫、闊、隸、鴻、濈、潞、濮、蟉、襁。

羊忌18劃　膳、蕙、蕩、濘、濱、濟、濠、濤、濫、濯、濬、濡、濕、獲、環、璨、斷、曜、璧、禮、穠、織、繕、繞、繚、繡、繒、鼇、顏、題、鵠、雍。

羊忌19劃　際、鄭、遲、臆、薑、濾、瀑、璿、嚥、壞、曝、牘、犢、璽、疆、曚、禱、繫、繹、繩、繪、繳、襠、襟、識。

羊忌20劃　藏、懷、瀚、瀝、瓊、勸、寶、懸、曦、朧、獻、繽、繼、耀、齡、纉。

羊忌21劃　瀰、瓏、櫻、纏、續、瀴。

羊忌22劃　懼、瓔、孿、彎、懿、禳、襯、鑑、灃、籙、鷚。

羊忌23劃　戀、曬、纓、纖、襴、鷸。

羊忌24劃　隴。

羊忌25劃 灝、纘。

羊忌26劃 灣。

羊忌27劃 纜。

因篇幅有限，不一一舉例，請直接對照字庫或用姓名學軟体自行診斷姓名吉凶。

第十三節　生肖屬猴的特性解說及善、忌用字庫

你如果是屬猴，首先要了解猴的特性、才能了解名字的好壞。

猴喜歡有洞穴住，見人喜開口，如有森林得樂趣，如得草原、平地更爽，有木字形或披彩衣顯高貴，見王能掌權，跟鼠或龍成三合局，得雞得狗成三會局——名字中有符合下述條件者為好名。

一、屬猴之人宜有大「口」、「冖」、「宀」之字形，意謂「美猴洞」，猴性喜在洞穴休息，得安逸、享福，一生中可得上司、長輩照顧。

二、屬猴之人最好有「木」之字根，猴子在林間，採食水果，來去自如，遨來遨去，好不悠哉，生活、事業會很順利，因木得其所也。

三、屬猴之人喜有彩衣部「巾」、「糸」、「采」、「衣」、「示」，可華麗其身，更為人模人樣，提高其地位。

四、屬猴之人喜頭戴王冠、兩腳站直，如：「昇」、「走」、「立」、「亠」、「爫」、表一生讓人看得起。

五、屬猴之人樂見有「人」或「言」、「日」之字根，因為猴子喜歡模仿人類的動作，即「人模人樣」，愛做秀、表演，所以名字中有「亻」或「人」或「言」字形均佳，因很得人緣。

六、屬猴之人喜有「王」字形，因猴子喜稱王，但在稱王的過程中必須身經百戰，猴王得來不易，又隨時會易主，故猴子稱王有喜亦有憂，如太強出頭會招人怨。

七、屬猴之人喜歡三合（申子辰）之字根，即「子」、「水」、「辰」字形，三合之幫扶力量較大，顯得貴人多。

如果生肖屬猴的人，想要命名且能符合十二生肖的喜用字，以下字庫將會為你帶

來很大的便捷。

生肖屬猴喜用字庫

猴喜2劃 乃、人、力。

猴喜3劃 丈、上、久、于、千、口、土、士、大、子、寸、巾。

猴喜4劃 中、丹、尹、云、井、仁、仍、今、介、元、允、內、公、化、升、壬、天、夫、太、孔、少、手、水、王。

猴喜5劃 主、以、付、仔、仕、代、令、兄、凸、北、可、右、司、台、句、巨、巧、左、本、母、民、永、玄、立。

猴喜6劃 汀、丞、仿、伊、伍、休、仲、任、企、光、全、匡、吉、吏、同、向、名、合、因、回、在、圭、如、字、存、宇、守、安、曲、次、百、竹、羽、而、臣、自、至、行、衣、求。

猴喜7劃 汝、亨、位、何、佐、佑、似、作、伯、佈、治、吾、呈、含、吟、坊、均、壯、妙、妍、好、孝、孜、宏、巫、希、序、形、攸、杏、材、村、杉、每、言、貝、走、足、辰、妘。

猴喜8劃 技、沛、沐、沂、玖、亞、享、京、依、佳、來、佩、侑、兩、典、函、周、坪、夜、奉、奇、孟、季、定、官、宜、宙、尚、居、幸、府、征、承、放、於、杭、東、果、林、松、直、知、采、長、雨、青、政、泫、佶。

猴喜9劃 注、泳、河、法、治、亮、信、俠、促、俊、係、冠、勁、南、厚、品、垣、城、奕、奎、客、封、帝、彥、昱、柱、柏、泉、爰、盈、紅、美、衍、貞、軍、音、首、泰、俅、垚、姵。

猴喜10劃 芳、芸、持、拱、拯、拾、洋、洲、洪、洞、玲、珍、倍、倆、倚、俱、候、修、倪、倫、倉、唐、哲、員、埼、娟、孫、宮、容、宸、展、師、庫、座、旅、時、桓、桂、桔、栩、桐、格、桃、真、祐、站、紡、純、級、納、袁、記、訓、起、馬、高、珂、倜、旆、紝、紘、紓。

猴喜11劃 若、茂、英、振、海、浚、浴、珮、乾、偌、做、偉、健、偵、偯、凰、區、商、國、域、堅、基、堂、培、尉、專、常、康、彬、得、御、徠、教、啟、敏、族、旋、晨、梵、梧、祥、符、笙、統、紹、訪、許、責、苙、浤、浡、浯、珩、埼、婕、娸。

猴喜12劃

茵、茴、荏、捷、授、涼、淳、清、淇、淋、涵、深、淦、球、理、備、傑、勝、博、喜、喻、喬、圍、堪、堤、堡、壺、婷、媚、媛、復、循、朝、棠、楝、森、棉、登、竣、策、筆、筑、善、舒、詠、評、詞、証、詔、賀、貴、越、超、開、閎、雲、順、馮、淥、琇、喨、婼、媜、淼、詒、雱。

猴喜13劃

郁、荷、揮、援、揚、湘、滋、渙、湄、湲、琳、傳、僅、勤、嗣、園、圓、塘、彙、新、楚、毓、祿、筠、絹、義、群、裔、裘、裕、詩、詮、詹、農、靖、湜、筥。

猴喜14劃

郡、萊、溶、滇、僖、僑、嘉、圖、境、嫣、實、彰、徹、旗、睿、禎、綽、綠、綺、綢、綿、綵、維、聚、肇、臺、舞、語、誥、賓、領、颯、魁、蓁、瑋、墉。

猴喜15劃

漳、漢、滿、瑤、瑪、億、儀、儂、增、寬、履、德、徵、慶、樣、樟、樂、緯、緻、衛、誼、諒、諄、調、論、賞、賦、賢、質、輝、震、滸、槿、霈。

猴喜16劃 蓉、蒞、蒲、蓀、蓓、潔、儒、儔、儐、勳、學、樺、橙、橋、穎、穆、縈、縉、興、衡、諺、謀、諮、霖、頤、龍、蒨、澐、璇、叡、圜。

猴喜17劃 隆、隄、擇、濃、澤、償、儲、嬪、孺、檀、檜、營、績、總、繁、聯、臨、謙、謝、謄、豁、賽、趨、駿、黛、霝、龠。

猴喜18劃 濱、濟、濤、濬、濡、環、璨、檳、禮、繕、謹、豐、顏、儱、騏。

猴喜19劃 薔、薇、寵、繹、識、證、贊、辭、韻、麗。

猴喜20劃 嚴、寶、竇、競、籌、繽、繼、纂、覺、議、警、譯、騰、齡、瀧。

猴喜21劃 藝、瓏、儷、櫻、續、覽、譽、露。

猴喜22劃 蘋、讀、孋、驊。

猴喜23劃 灑、驗、麟、欒、纓。

猴喜24劃 隴、靈、靄。

猴喜26劃 讚。

猴喜27劃 灤、驤。

猴喜29劃 驪。

因篇幅有限，不一一舉例，請直接對照字庫或用姓名學軟體自行診斷姓名吉凶。

你如果是屬猴，首先要了解猴不喜歡的情況，才能了解名字的好壞。

屬猴之人不宜有禾字邊，如與虎為伍為六沖，與豬會形成六害，如有武器字形就會怕——如果名字中有以上所舉例之字形就表示名字有破格。

一、生肖屬猴之人不喜有「對沖」之字，如寅與申沖，「寅」、「艮」、「處」虎字形則最不利於生肖屬猴者—表一生挫敗不斷。

二、生肖屬猴之人不喜見有「豕」、「辶」、「巳」豬字形，因六害之故，即「豬遇猿猴似箭投」。表一生中報怨很多—因刑剋很重的原故。

三、生肖屬猴之人不喜有「金」、「酉」、「西」、「兌」、「皿」、「鳥」、「月」之字形，因以上字形皆有西方「金」之意，然而，在五行中，金與金相聚，易有刑剋，爭執、人際關係如果處理不當—一生中會被當成仇人看待—反而不能得其比和之助。

四、生肖屬猴之人不喜見有「禾」、「穀」、「田」、「麥」、「稷」、「米」之字形，因猴子喜歡作賤五穀，有句話說：「大猴損五穀。」意味在田間的猴子，只會踐踏、玩弄五穀雜糧罷了，工作是賺得少花得多，表示浪費揮霍之意。

五、其他如見大「口」有被關住之感，能力無法發揮。另外「皮」、「力」、「刀」、「君」、「將」，亦為猴不喜用之字，因猴不喜太煩重的工作。

六、猴遇有耳朵（郁）的字根會有被控制而不自由的感覺。

如果生肖屬猴的人，名字中有以下文字，那代表名字不符合生肖姓名學理論，請你仔細印證，請在下次命名時盡量避開以下文字。

生肖屬猴之人忌用之字

猴忌2劃 刀、匕。

猴忌3劃山、干、弓。

猴忌4劃丰、什、午、屯、引、戈、支、斤、比、片、牙、爿。

猴忌5劃丘、仙、冉、刊、加、功、卉、占、古、召、叱、它、平、幼、弘、弗、田、由、甲、申、皮、矛、矢、禾。

猴忌6劃亥、再、列、刑、式、戎、旨、此、米、艮。

猴忌7劃托、佃、佔、別、判、利、助、呀、岑、庇、弟、甫、男、甸、私、秀、良、豆。

猴忌8劃些、例、刻、券、刷、到、制、協、卓、和、委、岡、岸、岩、岱、岳、弦、或、戕、昕、枝、欣、爭、版、狀、盂、祀、秉、虎、金、忻、玗、仳、旻、杶、炘、炅、炖。

猴忌9劃罕、泓、前、剋、則、勇、咳、威、孩、弭、思、柔、畏、界、矜、科、秒、秋、穿、竿、要、風、玡、蝝。

猴忌10劃十、芽、指、剛、卿、家、峻、峰、島、朗、核、畔、留、矩、租、秩、秘、粉、素、虔、託、豈、豹、躬、酒、配、釗。

猴忌11劃 邪、近、茅、浪、副、務、勘、動、唬、婚、寅、密、將、崇、崖、崢、崔、崙、崧、崗、庸、張、強、彗、梁、桿、烯、略、畢、異、盛、眾、移、粗、細、處、彪、袖、豚、釧、麥、玭。

猴忌12劃 邱、能、掙、淺、淨、琅、傢、凱、剴、勞、單、場、壹、嵐、幅、廊、弼、彭、斯、普、晰、牌、畫、番、短、稍、程、稅、稀、粟、絨、紫、虛、覃、象、貂、費、酥、鈔、鈞、鈍、黍、牋、矞。

猴忌13劃 陀、郎、迷、莫、莊、莉、提、湧、渭、琥、傭、催、勢、嫁、嵩、戡、牒、當、畸、盟、睜、稜、稚、虞、號、裝、該、試、豢、鉀、鉛、鈴、鈿、雉、頓、鼓、猭、幏、粲、豥、鈺。

猴忌14劃 逐、準、獅、瑯、署、像、劃、截、監、福、種、稱、箏、粹、精、綱、臧、誘、豪、貌、趕、銀、銅、銘、鳴、鳳、搋、瑑、魠。

猴忌15劃 慢、摧、演、漫、劇、劉、劍、慮、暮、槽、槳、毅、獎、盤、稿、稼、穀、稽、稷、稻、篆、緣、諍、豎、豬、銳、鋒、駐、魯、黎、齒、褫、稹、虢。

猴忌16劃 陳、遂、蓄、蒙、潛、澎、潘、劑、戰、曆、曉、曇、橡、熾、盧、積、糕、糖、臻、謂、豫、醒、錢、鋼、錫、錚、錦、鋸、靜、骸、鴛。

猴忌17劃 陽、遞、膚、蔣、擋、據、勵、嚎、壕、嶺、嶽、彌、戲、戴、曙、檔、燧、牆、矯、穗、艱、虧、鍵、鍾、鍛、鴻、蓫、檖、鍼。

猴忌18劃 濠、斷、曜、朦、檬、糧、織、繒、醫、鎮、題、遯、薙、璲、禭、穟、襐、鎵。

猴忌19劃 鄭、薪、薑、濾、嚥、廬、曝、牘、疇、疆、穫、穩、鏡、鏈、鏢、鏗、靡、類、鵬、繸、穟、鏞、鏔。

猴忌20劃 遽、藏、勸、曦、爐、獻、耀、鐘、麵、鐌。

猴忌21劃 隧、邃、藩、鐵、鐸、鶯、鶴、鐩。

猴忌22劃 蘆、蘇、彎、疊、鑑、灃。

猴忌23劃 巖、曬、鷸。

猴忌24劃 鷹、豔。

猴忌25劃 顱。

猴忌28劃 鸚。

猴忌30劃 鸞。

因篇幅有限，不一一舉例，請直接對應字庫或用姓名學軟体自行診斷姓名吉凶。

第十四節　生肖屬雞的特性解說及善、忌用字庫

你如果是屬雞，首先要了解雞的特性、才能了解名字的好壞。

雞喜歡有洞穴住，或在森林得草原或平地跑跳，如有五穀字形可得溫飽，能披彩衣更佳，能見王戴冠顯高貴，與蛇跟牛成三合局，得柵欄可受保護——名字中如有符合下述條件者為好名。

一、屬雞之人喜「小」之字形及抬頭之字義，因小雞可愛，雞長大，大都被人宰食。再者，健康之雞，大都能抬頭，昂首闊步，表一生中工作愉快。

二、屬雞之人喜有「冖」、「宀」、「口」、「广」、「門」之字形，意味雞在洞穴、屋簷下可遮風避雨，有保護作用，表一生工作順利，得貴人助。

三、屬雞之人喜有蛇跟牛成三合「巳、酉、丑」之字根，一生貴人相助。

四、喜有龍鳳等字形有六合升格變鳳凰，一生會有高知名度。

五、喜歡武器，代表喙及爪子，可以尋得好工作及好事業。

六、雞喜有「禾」、「豆」、「米」、「粱」、「麥」之字根，因雞的食物五穀雜糧，整天都在找糧食，見到雜糧，歡心鼓舞，所以有以上字根，對肖雞之人，內心是充實飽滿。

七、屬雞之人喜用有「山」、「罒」、「亠」之字形，為雞上山頭，可展其英姿，有鳳凰之象，提升其格局地位，為人受器重。

八、屬雞之人喜見用「糹」、「采」、「系」之字形，「彡」字形為雞的羽毛漂亮，即增加其人緣，及「采」的字形，即代表雞冠漂亮，冠冕加身之意，雄糾糾，氣昂昂。

九、因雞喜歡「金雞獨立」，如：「干」、「平」、「華」，代表腳很健康，單腳就可站立。所以肖雞之人喜有「金雞獨立」的字形，一生中能單挑大樑。

如果生肖屬雞的人，想要命名且能符合十二生肖的喜用字，以下字庫將會為你帶來很大的便捷。

生肖屬雞喜用字庫

雞喜1劃乙。

雞喜2劃乃、二。

雞喜3劃下、上、凡、千、口、土、士、大、小、川、己、巳、巾。

雞喜4劃才、丑、中、之、今、午、升、少、引、日、牛。

雞喜5劃世、仕、巧、市、布、平、民、生、用、田、由、甲、禾、立。

雞喜6劃光、兆、吉、向、回、地、如、宇、守、年、早、曲、竹、米、羊、羽、臣、自。

雞喜7劃佑、告、坊、均、妞、妤、廷、杏、甫、男、秀、言、豆、辰、里、町。

雞喜8劃亞、佳、卓、味、和、定、宜、宙、尚、居、岡、岸、岩、岳、延、昕、杭、果、林、竺、舍、長、非、佶。

雞喜9劃 亭、信、勁、宣、峒、建、彥、扁、是、星、盈、眉、科、紅、紀、虹、計、赳、軍、革、韋、音、飛、芊、垚、姵、昀、紃。

雞喜10劃 迅、巡、芳、芝、原、唐、員、圃、埔、堉、家、容、宸、展、峰、席、庫、庭、料、畔、真、秦、紐、耕、航、記、訓、財、貢、起、軒、邗。

雞喜11劃 近、若、苗、苑、振、浦、浩、珮、乾、堅、堆、基、堂、培、婉、專、崎、崖、崢、崔、崗、常、康、強、彬、彩、彫、旋、旌、晨、曹、梁、梵、笠、笛、笙、翌、蛇、許、章、頂、苹、婕、翊。

雞喜12劃 述、迪、草、凱、博、堤、壹、富、嵐、彭、登、發、皓、程、童、筆、筑、粟、善、舒、詠、評、賀、貴、超、量、順。

雞喜13劃 郎、酒、莆、揚、圓、塘、廉、暉、業、楚、當、筠、義、詳、詩、農、雋、雷、邽、畹、竫、粲、豊。

雞喜14劃 通、連、造、逢、菩、萍、菁、華、著、菲、菊、境、對、彰、榮、睿、種、端、筵、精、綠、綱、綵、綸、維、翡、翟、肇、臺、誥、賓、輔、閩、颯、鳴、鳳、墉、墐。

雞喜15劃 陣、部、都、逵、進、萱、葦、葉、葡、董、儀、增、嶝、幟、穀、稻、範、篇、緯、編、緹、誼、諒、談、論、豎、賞、賢、賜、輝、霆、震、郴、逴、萩。

雞喜16劃 運、道、達、蓉、蒼、播、導、彊、曆、暹、曄、橙、積、穆、縈、翰、臻、融、親、諺、輯、雕、霖、霏、龍、蓁、廩、諟。

雞喜17劃 隆、遠、遜、遙、蓮、蓬、勵、嶺、嶸、穗、翼、臨、舉。

雞喜18劃 鄺、適、蕃、曜、糧、繙、蟬、謹、豐、馥。

雞喜19劃 鄧、遵、選、薪、蕾、薇、疇、疆、穩、韻、麗。

雞喜20劃 還、藍、薰、寶、競、耀、譯、馨。

雞喜21劃 躍。

雞喜23劃 麟。

雞喜24劃 艷。

因篇幅有限，不一一舉例，請直接對照字庫或用姓名學軟体自行診斷姓名吉凶。

你如果是屬雞，首先要了解雞不喜歡的情況，才能了解名字的好壞。

屬雞之人不宜有肉字邊，不喜見人字邊，或見二個太陽（日），或有奔跑、交叉等字形，遇兔字形成六沖，遇狗字形成六害，遇武器字形怕被傷害——如果名字中有以上所舉例之字形就表示名字有破格。

一、生肖屬雞之人不喜有「大」、「君」、「帝」、「王」之字形，因雞長大往往被當作祭品，或為人食用，一生多為別人付出多。犧牲小我，完成大我，真是吃力不討好。

二、生肖屬雞之人不喜有字形腳分開者，因為雞的腳如果分開，代表病雞，不健康也。雞能夠金雞獨立最佳，不喜見到分叉的腳。如：「儿」、「厶」、「入」、「乂」，如有此字型要注意身體健康。

三、生肖屬雞之人不喜見到有「犬」、「戊」、「戌」之字形，因「犬」與「犭」、「戌」為狗之意，因地支酉與戌為六害，古云：「金雞遇犬，淚雙流。」意味狗會追咬雞，雞犬不寧之意，表平常會惹事生非。

四、生肖屬雞之人不宜見有太多「口」之名字，容易七嘴八舌，成為長舌婦，雞婆也，好管閒事，易生是非，及吃力不討好。

五、其他：肖雞之人亦不喜見有「刀」、「系」、「示」、「力」、「石」、「人」、「虍」、「手」、「示」、「酉」、「血」、「氵」、「水」、「冫」、「子」、「亥」、「北」之字形因為代表一生付出多而收穫少。

六、生肖屬雞之人最怕見到與其對沖之字形，因雞為酉，卯與酉對沖，所以凡是有「卯」、「東」之字形或字義均不可犯之，如犯之，則傷害大，刑傷、生病難免。卯之字義可推及東方之日、兔均屬之。

七、生肖屬雞之人不喜再見到「金」之字形，因雞為酉金，但五行中，金與金組合過重，容易犯沖，金屬肅殺之意，「金」之字意還有「酉」、「兌」、「申」、「秋」、「酉」均屬之表一生中與人衝突不斷。

八、生肖屬雞之人不喜見到有「心」、「月」、「忄」之字形，因以上之字形代表肉的意思，但雞為素食動物，不食葷肉，若給其肉食，會讓其內心不服輸、不滿意，失望但又無可奈何。

如果生肖屬雞的人，名字中有以下文字，那代表名字不符合生肖姓名學理論，請你仔細印證，請在下次命名時盡量避開以下文字。

生肖屬雞之人忌用之字

雞忌1劃 一。

雞忌2劃 人、刀、力、匕。

雞忌3劃 兀、子、干。

雞忌4劃 什、仇、元、允、友、天、夫、太、心、戈、手、支、文、斤、月、木、比、片、牙、犬、王、爿。

雞忌5劃 代、充、兄、刊、加、功、北、卉、占、卯、古、召、叱、央、它、弘、弗、必、戊、旦、本、玉、申、矛、矢、石、示。

雞忌6劃 亥、伕、仰、先、共、列、刑、印、式、戎、戍、成、旨、旭、有、朴、此、旮。

雞忌7劃 忙、托、佔、但、伯、伶、兌、克、免、別、判、利、助、呂、君、吠、呀、坎、壯、夾、宋、宏、庇、弟、形、忌、志、忍、杜、究、系、酉。

雞忌8劃 艾、快、忸、抑、狄、狂、玖、些、例、兔、刻、券、刷、到、制、協、奉、奇、弦、忠、忽、念、或、戕、旺、易、昌、昆、昂、明、昀、昏、昊、昇、服、朋、東、枝、松、欣、武、版、狀、直、知、祀、金、青、忻、玕、仳、旻、炘、炅。

雞忌9劃 九、罕、肖、育、怔、怖、怪、怕、怡、性、泓、狗、狐、玟、玫、玥、亮、前、剋、則、勇、勉、咸、品、城、奕、奏、奎、奐、威、帝、弭、思、急、怎、怨、春、昭、昧、柔、柯、柏、柳、昳、相、矜、秋、穿、突、竿、美、狘、玡、峸。

雞忌10劃 十、肴、肯、芙、芽、恰、恢、恆、恃、恬、指、狩、珊、玲、珍、珀、玳、倡、冤、凍、剛、卿、哥、哭、奚、娩、娥、恣、恐、恕、恭、恩、時、晉、晏、晃、晁、書、朔、朗、桓、柴、烘、留、矩、秘、素、虔、託、躬、酒、配、釗、高、狘、珋、宬、彧、晟、毧。

雞忌11劃 邪、迎、胖、胥、胡、胞、胤、茅、茂、苓、茆、悄、悟、悍、悔、悅、悖、挽、班、琉、珠、冕、副、務、勘、動、曼、啞、唱、唬、國、域、婚、將、悉、悠、啟、晚、晤、勗、望、桿、烯、異、盛、羚、聊、聆、袖、責、悒、浤、玼、逌。

雞忌12劃

胭、脈、能、悽、情、惜、惟、悸、惇、淺、清、猜、猛、琅、球、理、現、剴、創、勞、勝、喜、喬、場、崴、弼、惑、悲、惠、斯、普、晰、晶、景、智、曾、期、朝、棟、棚、然、牌、短、絨、紫、費、越、鈞、雄、雯、茙、茯、減、琁、珺、斌、棫、淺、甯、喬、羢。

雞忌13劃

陀、郁、脩、莫、莊、莉、荻、慨、惶、愉、提、減、湖、猶、猴、琪、琥、琴、琦、琨、勤、勢、愚、意、慈、感、想、愛、愁、愈、愍、戡、暗、暖、暄、會、楊、照、牒、猷、群、裝、試、誠、鉀、鈴、鉚、雉、零、郕、愃、豫、琰、棫、鉞。

雞忌14劃

郡、菀、慎、慌、慄、慍、愧、滅、準、獅、猿、瑚、瑟、瑞、瑙、瑛、瑜、署、劃、嘉、慇、態、截、暢、榕、榴、獄、碧、綻、臧、趕、輓、銀、銘、滕、獂、瑊、瑋、瑀、槭、瓩。

雞忌15劃 逸、慷、慢、慣、慚、漫、瑤、瑣、瑪、瑰、劇、劉、劍、慧、慰、慾、暮、槽、樓、槳、獎、瑩、箴、糊、蝴、質、銳、鋒、駐、魯、齒、葴、臧。

雞忌16劃 鄉、憐、憎、憒、潛、璃、璀、劑、勳、器、奮、憲、憩、戰、曉、曇、熾、燃、醒、錢、默、璇、璉、諴、醍、駴。

雞忌17劃 陽、膠、蔣、憶、憾、獨、璞、獄、彌、應、懂、懇、懋、戲、戴、曙、牆、矯、績、鍾、錫、隳、鍼。

雞忌18劃 膳、蕙、獲、環、璦、璨、斷、璧、織、繕、繒、鎮、題、猶、薙、鎦。

雞忌19劃 鄭、臆、薑、獵、璿、嚥、壞、曝、牘、獸、璽、朦、識、鵬。

雞忌20劃 藏、懷、瓊、勸、嚴、懸、曦、朧、獻、鐘、騰、齡、騮。

雞忌21劃 瓏、櫻。

雞忌22劃 懼、瓔、彎、懿、權、鑑。

雞忌23劃 戀、曬、纖、鷸、鷺。

雞忌24劃 隴。

雞忌26劃 灣。

因篇幅有限，不一一舉例，請直接對照字庫或用姓名學軟體自行診斷姓名吉凶。

第十五節　生肖屬狗的特性解說及善、忌用字庫

你如果是屬狗，首先要了解狗的特性、才能了解名字的好壞。

狗喜歡有洞穴住，能披彩衣為佳，能得王掌權最佳，又戴冠，有肉可吃飽，得虎得馬成三合局，有柵欄可住得舒服——名字中如有符合下述條件者為好名。

一、屬狗之人喜歡有三合之字根，狗為戌，「寅、午、戌」為三合的助力，對人的幫助很大，人緣、貴人運都很好。

二、屬狗之人喜有「心」、「忄」、「月」之字形，皆為肉形，因狗喜歡吃肉，正合狗意，內心糧食豐富、充實，生活優渥，能快樂生活，

三、其他：肖狗之人亦喜歡有「小」、「少」、「士」、「臣」之字形，因比較得

人疼、為人不強勢。

四、戴冠邁步走：「亠」、「癶」、「走」、「跑」有此字形代表一生中容易出頭天。

五、狗是最忠於人的動物，屬狗之人喜有「亻」、「人」、「入」之字形，表示有主人，並忠於主人、忠於事業、忠於愛情、忠於錢財，因此容易成功。

六、狗喜披漂亮的彩衣，有威風之味，可增加其威勢，更能提升地位。如字形是「彡」、「采」、「系」、「巾」、「衣」均屬之，一生中會讓人家看得起。

七、屬狗之人喜有「宀」、「冖」、「門」、「广」、之字形，意味家庭內的狗，比較好命，有主人疼、有房子住，不必去當流浪狗。

如果生肖屬狗的人，想要命名且能符合十二生肖的喜用字，以下字庫將會為你帶來很大的便捷。

生肖屬狗喜用字庫

狗喜2劃 丁、人、力。

狗喜3劃 三、上、千、口、土、士、夕、大、寸、小、山、巾。

狗喜4劃 丹、尹、云、今、介、允、內、公、午、升、太、少、心、月、火、王。

狗喜5劃 丙、世、丘、主、以、付、仕、令、可、右、司、巨、弘、必、戊、玄、玉、生、用、立。

狗喜6劃 伊、休、任、仰、企、全、匡、吉、同、向、名、合、地、在、圭、如、宇、守、帆、成、有、百、臣、自、至、艮、衣。

狗喜7劃 位、住、伴、佐、佑、伸、伯、伶、佈、呈、坊、均、壯、妙、宋、宏、希、志、忍、良、走、里。

狗喜8劃 亞、依、佳、佩、侑、典、卓、味、坪、坡、坤、夜、奉、定、宜、宙、岡、幸、府、忠、念、朋、東、武、虎、采、門、青、忻、佶、侄。

狗喜9劃 育、怡、性、玥、俊、係、俞、冠、勉、勁、南、城、奎、威、客、宥、封、屋、帝、建、彥、思、扁、柳、炫、為、炳、炬、盈、省、約、美、致、軍、首、垚、姵。

狗喜10劃 肱、肴、肯、芯、芸、芷、恆、恬、玲、珍、倚、倫、原、埥、家、容、庫、庭、恩、朗、烈、純、紜、訓、起、軒、馬、芮、珂、倢、紘。

狗喜11劃 迎、苗、悟、悅、珮、珪、乾、偉、健、國、堅、基、堂、培、寅、尉、專、常、彬、彩、敏、烽、盛、祥、笙、統、紳、處、彪、偲、埜、婕、婧。

狗喜12劃 情、惇、捷、清、備、傑、凱、勝、喻、堡、媚、富、惠、期、朝、然、童、舒、越、閔、斌、焯。

狗喜13劃 郎、郁、愉、揮、琥、傳、僅、園、塘、意、慈、愛、愈、楠、榆、煉、煥、萬、筠、絹、裕、誠、靖、馳、馴、鼎、媱、煇。

狗喜14劃 菁、華、瑯、瑟、琿、瑜、境、嫣、寧、對、彰、旗、榮、睿、箕、綻、綠、網、綺、綸、維、綬、肇、臺、舞、誌、輔、箐。

狗喜15劃 逸、萱、瑪、億、儀、寬、慧、慰、瑩、練、緯、論、賞、輝、駐、駕、僾、褌。

狗喜16劃 運、蓉、蒼、憬、儒、器、壇、奮、憲、燕、篤、縈、縉、螢、融、親、諺、豫、靜、蓁、蒨、曈、燁。

狗喜17劃 遠、憶、優、營、燦、績、臨、舉、駿、黛。

狗喜18劃 蕙、環、璦、叢、騏。

狗喜19劃 蕾、璿、繹、韻。

狗喜20劃 懷、懸、獻、闈、騫、騰、繻。

狗喜21劃 藝。

狗喜22劃 驊。

狗喜26劃 驥。

因篇幅有限，不一一舉例，請直接對照字庫或用姓名學軟体自行診斷姓名吉凶。

你如果是屬狗，首先要了解狗不喜歡的情況，才能了解名字的好壞。

狗不吃五穀雜糧，也不喜見太陽，如遇雞則成六害，如遇龍則成六沖，遇武器字形易受傷害，如遇開口字形怕傷害人——如果名字中有以上所舉例之字形就表示名字有破格。

一、狗喜忠於人，但如果一隻狗要同時侍奉幾個人，則成為不忠之狗，如名字中見到有兩個人的字形即是。如：「彳」，為人想一心多用最後恐一事無成。

二、肖狗之人不喜有「田」之字形，因為狗在田間，喜歡踐踏五穀，浪費、不惜福之意，有好吃懶做的感覺。

三、古云：「金雞遇犬淚雙流」，所以肖狗之人亦不宜見到有雞之字形，如：「酉」、「隹」、「兆」、「鳥」、「羽」、「兌」、「西」、「金」等字均有雞之意，表示會被陷害。

四、肖狗之人不宜見有「木」形之字，因狗為戌土，由於木剋土，所以字形如有木邊，則犯上了木剋土，被壓抑住，力量無從發揮。

五、肖狗之人最不喜見到其對沖之字形，如辰戌對沖、龍與狗對沖，龍即為「辰」，所以千萬避免使用有「辰」字根之字為名字，有表常會與人有衝突。

六、肖狗之人不宜見有「水」、「氵」、「子」、「北」、「亥」之屬於水之字根，因狗為戌土，土會剋水，對其不利，傷害大，會洩漏精力、財氣、健康。

七、狗不喜素食、五穀雜糧類，狗為葷食動物。「示」、「礻」字邊不行，因狗肉不上桌也。

八、肖狗之人不喜有兩個口之字，或姓名中合起來有兩個口，容易形成「兩口犬」為「哭」的不祥，凡事不順，如為三口犬則成為「瘋狗」，如有一口之犬稱「吠」，喜歡多管閒事，所以對肖狗之人，最好不要有「口」之字形。

九、肖狗之人不喜有日旁，狗見到「日」，有一句話說「狗吠日」，狗看到太陽出來也要亂叫兩聲，意指愛管閒事，大嘴巴，徒勞無功。

如果生肖屬狗的人，名字中有以下文字，那代表名字不符合生肖姓名學理論，請你仔細印證，請在下次命名時盡量避開以下文字。

生肖屬狗之人忌用之字

狗忌2劃 刀、匕。

狗忌3劃 子、干、弓。

狗忌4劃 丰、之、仁、什、尤、引、戈、支、文、斤、日、曰、木、比、氏、水、片、牙、爿。

狗忌5劃 代、冉、刊、加、功、北、卉、占、古、召、叱、它、弗、旦、本、民、永、田、由、甲、申、矛、矢、禾。

狗忌6劃 丞、光、冰、列、刑、安、式、戎、早、旨、旭、次、此、羽、求、

狗忌7劃 托、汝、江、池、汐、汎、佃、佔、但、冷、別、判、利、呀、庇、弟、束、李、杏、材、村、杜、杖、杞、杉、甫、男、甸、私、秀、豆、貝、辰、酉。

狗忌8劃 把、批、沙、沈、沅、沛、汪、決、沐、汰、沖、汲、汴、沍、沂、狄、些、例、函、刻、券、刷、到、制、協、和、委、妹、季、岷、或、戕、承、旺、易、昌、昆、昂、明、昀、昏、昕、昊、昇、杭、枋、果、杳、枝、析、枚、欣、版、狀、直、祀、秉、長、雨、汯、玕、仳、旻、炘、炅。

狗忌9劃 九、罕、注、泳、河、沼、波、法、泓、沸、油、況、沿、治、泛、泊、泠、狐、前、剋、則、弭、律、春、昭、映、味、是、星、昱、柿、染、柱、柔、架、柯、柑、柚、查、柏、泉、畏、界、相、矜、科、秒、秋、穿、竿、羿、貞、酋、酊、飛、香、泰、玡、衵。

狗忌10劃 十、芽、指、拯、洋、洲、洪、流、津、洗、活、洽、派、洶、洛、洵、倀、倡、凍、凌、剛、宸、徐、恭、時、晉、晏、晃、晁、書、校、核、桓、根、桂、桔、栩、栗、桑、柴、桐、桀、格、桃、株、烏、畔、留、益、真、矩、租、秦、秩、秘、翅、翁、託、財、貢、躬、辱、酒、配、洳、洺、洁、栖、翃。

狗忌11劃 邪、近、范、茅、振、浪、消、浦、浸、海、浙、浮、浩、涅、狹、偵、副、務、勘、動、曼、唱、婪、婚、崔、帳、庸、張、強、得、從、救、晚、晤、晨、曹、朂、梁、梓、梵、桿、梧、梗、梭、梅、梨、烯、略、畢、異、移、細、翌、翎、習、袖、責、貫、酗、雀、鳥、鹿、麥、浤、涑、涂、玭、珝、翊。

狗忌12劃

悵、涼、淳、淙、液、淡、添、淺、淇、淋、淑、淞、混、淵、涵、深、淨、猜、猛、球、剴、勞、博、單、場、壹、就、幅、弼、彭、復、斯、普、晰、晴、晶、景、智、曾、棕、棘、椅、棟、棹、棋、植、棉、棚、欽、牌、畫、番、皓、短、稍、程、稅、稀、粟、絨、紫、翔、翕、詠、貽、費、賀、貴、買、貿、酥、雅、雄、集、雲、順、黃、黍、黑、茜、淀、淥、媜、崺、棨、淼、戔、喬。

狗忌13劃

陀、迷、莎、莫、莊、莉、提、揚、港、游、渡、湧、湛、湘、渤、湖、渭、湯、渺、湃、滋、湄、湟、猶、琳、傪、勤、勢、匯、微、戢、新、暗、暉、暖、暄、會、榔、業、楷、極、椰、楊、楨、楓、牒、當、畸、祿、稜、稚、義、羨、群、裘、裝、試、詩、資、賈、賄、賂、農、酬、酪、鉀、鈿、雉、鼓、渼、湞、湏、湝、翊。

狗忌14劃

溶、源、溥、溫、準、滄、滔、溪、署、劃、寥、實、廖、徹、截、暢、榜、榕、構、榛、榴、槐、熊、禎、福、種、稱、精、翠、翡、翟、臧、裴、誘、賓、趕、酷、領、鳴、鳳、逑、溱、滙、嵺、嵧、槺、槙、魹。

狗忌15劃

慷、慢、漳、演、漓、漂、漢、滿、漆、漲、漣、漫、漪、滬、滌、儂、劇、劉、劍、增、廣、德、暮、暴、樣、樟、標、槽、模、槳、樑、獎、稿、稼、稽、稷、誼、豎、賠、賦、賢、賣、賜、質、醇、醋、震、魯、黎、齒、憀、摎、滸、漉、漻、槢、樛、頴、熠、熤、稹、翦。

狗忌16劃

陳、蓄、蒞、澄、潔、潭、潛、潮、澎、潤、潘、劑、勳、戰、曆、曇、橙、橫、樹、橋、樵、機、歙、熾、積、穎、穆、篩、糕、糖、翰、翱、翮、臻、諦、謂、賴、醒、錄、霖、頭、頤、鴦、鴒、鴛、龍、遒、潢、醐、醑、錶、鴗。

狗忌17劃

陽、蔣、擋、濃、澤、濁、激、獨、嬰、彌、戲、戴、曙、檀、檔、檢、牆、矯、穗、糠、繆、翳、翼、褶、賺、賽、購、錫、闊、隸、鴻、鴿、鄔、蓖、濈、濮、嚁、篦、韔。

狗忌18劃

蕩、濘、濱、濟、濠、濤、濫、濯、濬、濡、濕、斷、曜、檳、櫂、穠、糧、繒、翹、翻、豐、蹟、醫、雙、顏、題、鵑、鵝、鵠、雗、燿、繆、轆、轇。

狗忌19劃 鄭、遺、薪、薑、濾、瀑、嚥、寵、龐、曝、櫚、牘、疇、疆、穫、穩、識、贊、醮、靡、類、願、鵡、鵲、鵬、麒、麗、麓、騑、鵰。

狗忌20劃 藏、瀚、瀝、勸、嚨、寶、曦、朧、耀、醴、麵、齡、藋、瀧、曨、櫳、類、飂、鶩、鵜。

狗忌21劃 藩、瀰、瓏、儷、櫻、欄、躍、顧、鶯、鶴、鷸、瀴、趯、鶒。

狗忌22劃 蘋、蘇、瓔、彎、權、疊、籠、襲、龔、灃、籙、讘、鷚、龕。

狗忌23劃 曬、纓、顯、鷥、麟、鷂、鷙。

狗忌24劃 隴、鷹、鷺、豔。

狗忌25劃 灝、鸛。

狗忌26劃 酈、灣。

狗忌27劃 鸕。

狗忌28劃 鸚。

狗忌30劃 鸞、鸝。

因篇幅有限，不一一舉例，請直接對照字庫或用姓名學軟體自行診斷姓名吉凶。

第十六節　生肖屬豬的特性解說及善、忌用字庫

你如果是屬豬，首先要了解豬的特性、才能了解名字的好壞。

豬喜歡得洞穴，等於有家可住，得森林成野豬可奔放，得草原或平地也可，有五穀吃可得溫飽，有兔或羊成三合局，遇鼠或牛成三會局。

一、屬豬之人喜有大「口」之字形，因豬在一般人認為是愛吃的動物，有口福之慾，因此有口主有得食、得溫飽之意。

二、屬豬之人喜「亥、卯、未」為三合。卯為兔，未為羊。名有卯與未之字根則一生貴人多助，妻賢子孝，可享清福。

三、屬豬之人，亥、子、丑成為三會水，故「子」與「丑」之字即與亥成為三會局，與「子」字形通意者尚有「氵」、「冫」、「北」、「生」、「牜」均是

也，表一生中有很多貴人。

四、屬豬之人喜有「金」之字旁的字，因屬豬為「亥」水，而金能生水，故金對生肖豬之人有幫扶之意，一生能受長上、長官提拔。

五、屬豬之人名字如有「豆」、「禾」、「米」、「艸」之字根，因豬最喜愛吃的食物為「豆類」及米飯雜糧，所以名字中有豆字形者，皆是屬豬之人豐盛餐點，有滿足感，表示一生不虞吃穿。

六、屬豬之人喜有「冖」、「宀」、「入」、「門」、「冊」之字形，似有家的感覺，被養的豬，比較有福氣，生活、事業均能順利。

七、屬豬之人喜有「田」的字形，代表豬在田野間有五穀雜糧可吃，又自由逍遙、一生可得清閒無壓力。

生肖屬豬喜用字庫

如果生肖屬豬的人，想要命名且能符合十二生肖的喜用字，以下字庫將會為你帶來很大的便捷。

豬喜2劃二。

豬喜3劃口、士、女、子、寸、小、山。

豬喜4劃尹、云、壬、孔、少、方、月、木、水、牛、四。

豬喜5劃充、北、卯、未、民、永、生、用、田、由、禾、立。

豬喜6劃汀、丞、亦、亥、兆、再、冰、吉、同、合、回、好、如、字、存、宇、守、安、寺、曲、竹、米、羊、臣、西、求。

豬喜7劃汝、江、亨、兌、免、助、呈、告、妞、妙、妍、妤、孝、宏、序、材、牡、甫、男、私、秀、豆、里、妘。

豬喜8劃沂、乳、亞、享、侖、兔、函、和、固、委、妹、孟、季、定、宜、宙、尚、居、岳、庚、承、東、果、林、松、秉、竺、舍、金、雨、青。

豬喜9劃芋、芍、泳、河、法、泗、治、勉、勃、厚、品、姜、姿、屋、扁、柵、柄、柳、盈、相、眉、科、秒、秋、食、泰。

豬喜10劃芳、芹、芸、洋、洲、津、洞、洛、兼、凍、卿、原、圃、娩、娥、容、峰、料、朗、案、根、桂、栗、桐、桃、株、特、畔、畜、留、秦、窈、財、酒、桉。

豬喜11劃 若、茉、苗、苑、茆、浪、浦、海、涓、浴、浩、動、寅、專、崎、崙、崧、康、旌、梁、梓、梅、笙、粒、章、鳥、麻、浤、婕、婞、娸、婭。

豬喜12劃 茵、茲、茶、捨、涼、淳、清、淋、淵、淅、涵、深、淦、博、喜、喬、媚、富、廊、棟、森、棲、棣、甥、登、發、童、策、筍、筑、粟、善、舒、詠、鈕、鈞、閑、間、閎、雅、雄、集、雲、黍、黑、茜、淥、淼。

豬喜13劃 莘、莆、揮、湘、湖、廉、敬、新、業、楣、毓、稚、義、鉛、鉉、鈿、雷、靖、飽、豊。

豬喜14劃 萍、華、萊、菊、溢、溶、源、溫、嘉、實、榮、榭、睿、種、箕、精、翡、翟、肇、舞、輔、銀、銘、菉、溱、滙、榞、箐、銚。

豬喜15劃 葵、葦、葉、葡、演、漾、滿、嫻、嬌、寬、廚、廣、樣、樟、樑、穀、稷、稻、箱、篆、篇、諄、豎、醇、鋅、鋒、養、萩、槿、鋐、鋆。

豬喜16劃 蓉、蒙、蒲、蒼、澄、潔、潭、潤、學、樺、樹、橡、橋、糕、羲、臻、豫、錠、錄、錐、霖、霍、頤、默、蓁、澐、燊。

豬喜17劃 蔬、蔭、濃、澤、孺、嶸、瞳、糠、臨、鍾、鞠、鴻、檡。

豬喜18劃 濱、濟、濛、濤、澮、濡、叢、檬、櫂、穠、糧、謹、豐、鎮、馥。

豬喜19劃 薪、蕾、穫、穩、鏗、韻、鵬、瀅、鏞。

豬喜20劃 藍、薰、瀝、馨、瀠。

豬喜21劃 藩、藝、藤、鐸、露、鶴。

豬喜22劃 藺、權、鑑。

豬喜23劃 蘭、麟。

豬喜24劃 鑫。

因篇幅有限，不一一舉例，請直接對照字庫或用姓名學軟體自行診斷姓名吉凶。

你如果是屬豬，首先要了解豬不喜歡的情況，才能了解名字的好壞。

豬名字中見人怕被宰，當然也怕太陽，更怕見王或戴冠，披彩衣太漂亮也不行，遇奔跑，交叉字形好像是病豬，遇蛇字形就成六沖，遇猴是相害，遇武器字形怕被傷害。

一、生肖屬豬不喜見到有「王」、「君」、「長」、「帝」、「大」之字形，因豬是民間供奉品，愈大愈容易上供桌，意味要奉獻犧牲，如有此類字眼，愈往金錢、物慾追求，則愈挫折、失敗、失意、痛苦，到後來一場空。最好從事慈善事業，服務人群，當義工工作，則比較可以調適自己。

二、生肖屬豬之人不喜見有彩衣字形，如：「彡」、「巾」、「衣」、「采」、「系」、「示」，意味著豬準備上供桌前，將其身上華麗裝飾一番。所以肖豬之人，不宜有彩衣，否則，變成準備奉獻，對自己得到的部分最少，失去的反而是最多。

三、生肖屬豬之人不喜見到「示」字形，示之意通祭祠，也就是要被人宰殺祭祀用，苦勞一生，無所得，最後還要被送上斷頭台。

四、生肖屬豬之人不喜見到有腳分開之字形，如：「賢」、「貴」、「賓」、「賞」、「贊」，腳分開代表不健康，病豬，站立不挺，表工作不順。

五、其他：肖豬之人亦不宜見到「上」、「刀」、「力」、「血」、「几」、「皮」、「石」等不利豬形象的字，因為豬見刀可能要面臨被宰，人生充滿委屈，到處碰壁。

六、生肖屬豬之人最忌諱之字形如：「辶」、「廴」、「川」、「一」、「邑」、「乙」、「弓」，均為一條蛇的形象與豬形成六沖，傷害性最大，不管六親之緣分、財運、事業、健康均受影響。

七、生肖屬豬之人不喜見到有「猴」之字形如：「申」、「袁」、「祖」、「侯」，古云：「豬遇猿猴，似箭投。」在八字五行中，亥與申為相害。故犯之，傷人、傷身、傷情，一切不利乙。

如果生肖屬豬的人，名字中有以下文字，那代表名字不符合生肖姓名學理論，請你仔細印證，請在下次命名時盡量避開以下文字。

生肖屬豬之人忌用之字

豬忌1劃 一、乙。

豬忌2劃 几、刀、力、匕。

豬忌3劃 三、上、凡、也、土、大、川、己、已、巳、干、弓。

豬忌4劃 之、仁、什、今、天、太、巴、引、戈、支、斤、日、比、片、牙、王、爿。

豬忌5劃 主、乏、代、刊、加、功、包、卉、占、古、召、叱、央、它、市、布、平、弘、弗、旦、玉、申、皮、矛、矢、石、示。

豬忌6劃 氾、光、列、刑、危、夷、妃、州、帆、式、戎、早、旨、旭、朵、此、虫、血、衣、圮。

豬忌7劃 托、汎、伸、佔、但、伯、伶、別、判、君、呀、坎、壯、希、庇、廷、弟、彤、形、杉、系、邑、礽。

豬忌8劃 玖、些、依、例、刻、券、刷、到、制、協、卓、卷、呻、坤、奇、奈、宗、宛、延、弦、或、戕、旺、易、昌、昆、昂、明、昀、昏、昕、昊、昇、枝、欣、版、狀、直、知、社、祀、祁、糾、初、采、長、忻、玕、仳、旻、炘、炅。

豬忌9劃

九、罕、泓、泡、泛、玫、表、亮、侯、係、前、剋、則、勇、垣、奐、宣、巷、帝、帥、建、弭、彥、春、昭、映、昧、是、星、昱、架、柏、矜、祉、祈、祇、禹、穿、竿、紂、紅、紀、紉、紇、約、紆、羿、虹、衫、風、玡、玠、柰、祆、紈。

豬忌10劃

十、迅、巡、芝、芽、指、珊、玲、珍、珀、玳、倡、候、修、剛、奚、孫、家、差、席、師、庭、時、晉、晏、晃、晁、書、核、栩、矩、砷、祕、祐、祠、祟、祖、神、祝、祚、紡、紗、紋、素、索、純、紐、級、紜、納、紙、紛、翁、蚩、袁、袂、衽、訊、託、起、躬、珅、倧、扆、祜、紘、紓、衿、衾。

豬忌11劃

邪、邦、那、迎、返、近、范、茅、苓、班、琉、珮、珠、乾、健、凰、副、務、勘、曼、唱、唬、婉、婚、將、崇、常、張、強、彬、彩、彫、旋、晚、晤、晨、曹、勗、桿、烯、祥、票、祭、絃、統、紮、紹、紼、細、紳、組、終、羚、翌、翎、聆、彪、蛉、被、袒、袖、袍、袋、責、玼、珩、埏、紵、紾、袗。

豬忌12劃

邵、逑、迦、迪、能、情、掛、採、捺、涎、淺、琅、球、理、現、剴、創、勞、喉、場、堤、堠、媛、嵐、巽、幀、弼、彭、斯、普、晰、晴、晶、景、智、曾、棕、牌、番、短、結、絨、絕、紫、絮、絲、絡、給、絢、絳、翕、蛟、裁、裂、視、診、費、貴、須、郃、琁、珺、戔、喬、絪、絜、軫。

豬忌13劃

陀、郎、郁、送、迷、迺、莫、莊、莉、提、揚、琪、琳、琥、琴、琦、琨、勤、勢、園、戡、暗、暉、暖、暄、會、楊、楓、照、煜、牒、祺、祿、禁、經、絹、綏、群、蜀、蛾、蜕、蜂、裟、裙、補、裘、裝、裕、試、鉀、雉、零、琬、琰、琝、媴、絻。

豬忌14劃

郡、通、連、速、造、透、逢、途、準、猿、瑚、瑟、瑞、瑙、瑛、瑜、署、僎、劃、寥、廖、彰、截、暢、碧、禎、福、禍、粽、綻、綰、綜、綽、綾、綠、緊、綴、網、綱、綺、綢、綿、綵、綸、維、緒、緇、綬、臧、蜜、蜻、裳、裴、裹、裸、製、褚、豪、賓、趕、閩、溒、瑄、瑋、榬、綪、緁、緆、緋、綎、綦、蜓、裱、魠。

豬忌15劃

郭、都、週、逸、進、慢、漫、瑤、瑣、瑪、瑰、劇、劉、劍、增、審、影、暮、槽、槳、毅、獎、瑩、稼、締、練、緯、緻、緘、緬、編、緣、緞、緩、緲、緹、翩、蝴、蝶、褐、複、褓、褊、誕、賞、質、輝、駐、魯、齒、摎、漻、褌、褋、褙。

豬忌16劃

陳、鄉、運、遊、道、達、違、遁、撰、潛、澎、璋、璃、瑾、璀、劑、勳、戰、曆、曉、曇、熾、禦、縑、縈、縣、縝、縉、螢、融、褪、褲、褫、諷、醒、駭、璇、璉、縕、螈、錼。

豬忌17劃

陽、鄒、遠、遜、遣、遙、遞、蔣、璟、璞、勵、彌、戲、戴、曙、牆、矯、禧、禪、績、繆、縷、總、縱、縴、縵、翼、襄、褸、轅、錫、鄔、螿、襁。

豬忌18劃

適、遷、環、璦、璨、斷、曜、璧、織、繕、繞、繚、繡、繒、蟬、顏、題、蕥、鍱。

豬忌19劃 際、鄭、鄧、選、遲、薑、璿、嚥、曝、牘、璽、疆、禱、繫、繹、繩、繪、繳、襠、襟、識、贊、譔。

豬忌20劃 還、邁、邀、藏、瓊、勸、曦、繽、繼、耀、騰、齡、繾、饌。

豬忌21劃 邈、瓏、櫻、纏、續。

豬忌22劃 邊、瓔、彎、禳、襯、鷚。

豬忌23劃 曬、纓、纖、襴、鷸。

豬忌25劃 蠻、纘。

豬忌26劃 邏、灣。

豬忌27劃 纜。

豬忌29劃 驪。

因篇幅有限，不一一舉例，請直接對照字庫或用姓名學軟体自行診斷姓名吉凶。

第五章

十二生肖姓名好壞吉兇評分總論

在上一章節已提過各種生肖之特性以及各種生肖可用或不可用字，在本章節就要跟各位來探討，如何得知姓名在十二生肖中的得分狀況。

姓名的天格、人格、地格各代表人生命運關係，以下表來區分

程	姓（天格）	**天格 ，也就是姓，代表的是：** A 1～20歲大運指數 B 和長輩、長官、父母的關係 C 祖先德行高低 D 天資聰穎與否 E 事業類別（拿筆、做官運） F 女看先生的助力 G 兩肩以上的健康情形
翔	名一（人格）	**人格，也就是名字的第一字，代表的是：** A 21～40歲大運指數 B 夫妻間的情誼 C 兄弟姊妹情懷 D 人際關係好壞（男女朋友關係） E 內心世界的想法 F 事業慾望強度（過程） G 兩肩以下至臍上的健康情形
林	名二（地格）	**地格，也就是名字的最末字，代表的是：** A 41～60歲大運指數 B 事業及工作運 C 不動產之有無（福德） D 一生中有無財庫 E 脾氣的好壞 F 子女運（與子女關係的好壞） G 與部屬及晚輩的關係好壞 H 性能力強弱指標 I 骨架、四肢、皮膚狀況解析 J 男人看妻子的助力 K 人生賺錢結果（留不留得住） L 肚臍以下的健康情形

◆天格論法：◎單姓者，姓氏即為天格。
◎複姓者，以姓氏兩個字為天格。

◆如果是單姓單名者，就以名字論人格及地格之所有情形。

第二節　以生肖學論姓名的各項評分

如果姓或名字是喜用字的話可得「吉」（得分）80～95分
如果姓或名字是不喜不忌的話可得「平」（得分）60～79分
如果姓或名字是忌用字的話可得「不佳」（得分）30～55分

以下為黃恆堉（生肖屬狗）之姓名診斷步驟流程及得分

姓（天格）＝黃　名一（人格）＝恆　名二（地格）＝堉

第三節　論天格（姓氏得分狀況）

依姓氏（天格）的角度而論，黃在屬狗的忌用字庫，所以此字得忌用（不佳）。

1、喜用字（吉）祖德及祖蔭的庇護很多（得分）80～95分

不喜不忌（平）祖德及祖蔭的庇護平平（得分）60～79分

忌用字（不佳）祖德及祖蔭的庇護較少（得分）30～55分

2、喜用字（吉）可得到父母親的助力，緣分也不錯（得分）80～90分

不喜不忌（平）父母親的助力及緣分平平（得分）60～79分

忌用字（不佳）父母親的助力，緣分也較少（得分）30～55分

3、喜用字（吉）可得到長官及長輩的幫助（得分）80～95分

不喜不忌（平）長官及長輩的助力平平（得分）60～79分

忌用字（不佳）長官及長輩的幫助較少（得分）30～50分

4、喜用字（吉）在社會的形象與名望會很不錯（得分）80～90分

不喜不忌（平）在社會的形象與名望表現平平（得分）60～70分

忌用字（不佳）在社會的形象與名望較少表現（得分）30～40分

5、喜用字（吉）這輩子較能輕鬆得財（得分）80～95分
不喜不忌（平）一步一腳印，要拼才會贏（得分）60～79分
忌用字（不佳）賺錢的型態可能不輕鬆、辛苦呀（得分）30～55分

6、喜用字（吉）在氣質表現上可得讚賞（得分）80～95分
不喜不忌（平）在神韻、風采上表現平平（得分）60～79分
忌用字（不佳）氣質尚可，神韻、風采需加強（得分）30～55分

7、喜用字（吉）今生可配得不錯的姻緣（得分）80～95分
不喜不忌（平）嫁雞隨雞，嫁狗隨狗，平平過一生（得分）60～79分
忌用字（不佳）結婚的對象或過程可能較有意見（得分）30～55分

8、喜用字（吉）天生智慧高，反應力佳，IQ高（得分）80～95分
不喜不忌（平）天生智慧平平，IQ約70分，反應力平平（得分）60～79分
忌用字（不佳）點子不多，構思力不強，反應力平平（得分）30～55分

9、喜用字（吉）先天的判斷力及直覺力很不錯（得分）80～95分

不喜不忌（平）先天的判斷力及直覺力平平（得分）60～79分

忌用字（不佳）先天的判斷力及直覺力待加強（得分）30～55分

10、喜用字（吉）一～二十歲的運氣會很不錯（得分）80～95分

不喜不忌（平）一～二十歲的運氣不好也不差（得分）60～79分

忌用字（不佳）一～二十歲的運氣好像不如意（得分）30～55分

第四節　論人格（名字的第一個字得分狀況）

依名字第一個字而論（人格），「恆」在屬狗的喜用及忌用字庫中是為喜用，所以此字得（吉）。

1、喜用字（吉）自我內心的感情世界及自我意識很棒（得分）80～95分

不喜不忌（平）自我內心的感情世界及自我意識平庸（得分）60～79分

忌用字（不佳）自我內心的感情世界及自我意識稍弱（得分）30～55分

2、喜用字（吉）姻緣及夫妻感情狀況會有不錯的運（得分）80～95分

不喜不忌（平）姻緣及夫妻感情狀況表現平庸（得分）60～79分

忌用字（不佳）姻緣及夫妻感情狀況意見多（得分）30～55分

3、喜用字（吉）可得兄弟姊妹的幫助，相互緣分也不錯（得分）80～95分

不喜不忌（平）兄弟姊妹間的助力及緣分平平（得分）60～79分

忌用字（不佳）兄弟姊妹間的助力很少，緣分也淡薄（得分）30～55分

4、喜用字（吉）賺錢的慾望及技能表現很好（得分）80～95分

不喜不忌（平）無法擁有多項工作技能，慾望也不是很強（得分）60～79分

忌用字（不佳）對賺錢毫無太多太大的慾望（得分）30～55分

5、喜用字（吉）擁有超強的應變能力，聰明喔（得分）80～95分

不喜不忌（平）反應力與應變能力表現平平（得分）60～79分

忌用字（不佳）反應力、應變能力待加強（得分）30～55分

6、喜用字（吉）你將擁有不錯的體質及優美的容貌（得分）80～95分

不喜不忌（平）在今生中的體質及容貌上還可以啦（得分）60～79分

忌用字（不佳）先天體質要多加注意，狀況不是很好（得分）30～55分

7、喜用字（不佳）人際關係很好，協調運作能力棒（得分）30～55分
不喜不忌（平）協調運作能力尚可，人際關係、互動關係表現平平（得分）60～79分
忌用字（不佳）要加強人際關係，協調統合能力待加強（得分）30～55分

8、喜用字（吉）先天擁有超強的開發能力（得分）80～95分
不喜不忌（平）這輩子的開發能力表現堪稱平平（得分）60～79分
忌用字（不佳）開發能力不足，要加強學習別人經驗（得分）30～55分

9、喜用字（吉）先天具有超強的領導統御能力（得分）80～95分
不喜不忌（平）在今生的領導細胞上表現平平不出色（得分）60～79分
忌用字（不佳）常當人家的下屬領導統御再加強（得分）30～55分

10、喜用字（吉）二十一～四十歲的運勢會不錯（得分）80～80分
不喜不忌（平）二十一～四十歲的運勢表現平平（得分）60～79分
忌用字（不佳）二十一～四十歲的運勢不是很如意（得分）30～55分

第五節　論地格（名字的第二個字得分狀況）

依名字第二個字而論（地格），「堉」在屬狗的喜用及忌用字庫中是為喜用，所以此字得（吉）。

1、喜用字（吉）你先天的福德福分不錯　（得分）80～95分
　不喜不忌（平）你先天的福德福分平平　（得分）60～79分
　忌用字（不佳）你先天的福德福分不足　（得分）30～55分

2、喜用字（吉）在事業運中可得貴人相助，很好　（得分）80～95分
　不喜不忌（平）在事業運中偶有貴人、長官相助　（得分）60～79分
　忌用字（不佳）在事業中得不到貴人相挺　（得分）30～55分

3、喜用字（吉）在先天的資質及潛能方面會表現很好　（得分）80～95分
　不喜不忌（平）資質與潛能發揮表現平平　（得分）60～79分
　忌用字（不佳）潛能無法發揮，天分待加強　（得分）30～55分

4、喜用字（吉）可得部屬及子女的幫助　（得分）80～95分
　不喜不忌（平）晚輩、子女、部屬的助力平平　（得分）60～79分

忌用字（不佳）晚輩、子女、部屬的幫助較少（得分）30～55分

5、喜用字（吉）夫妻緣佳，也有幫助子女、晚輩、部屬的能力（得分）80～95分

不喜不忌（平）夫妻恩愛程度普普通通（得分）60～79分

忌用字（不佳）夫妻緣淡，子女緣也溝通不良，應改善之（得分）30～55分

6、喜用字（吉）婚姻幸福，性能力佳，家庭美滿（得分）80～95分

不喜不忌（平）性能力中等，婚姻經營吉凶參半（得分）60～79分

忌用字（不佳）性能力和婚姻經營需要加強注意ㄛ（得分）30～55分

7、喜用字（吉）在居住品質及風水方面可得好地緣（得分）80～95分

不喜不忌（平）可住普通的房子，風水上尚可，水準普通（得分）60～79分

忌用字（不佳）居住品質稍差，風水也堪慮，要注意（得分）30～55分

8、喜用字（吉）男性穿著很體面，女性食祿、財祿都不錯

（得分）80～95分

不喜不忌（平）男性穿不起高貴衣服，女性不愁吃穿，一切尚可（得分）60～79分

忌用字（不佳）男性買不起高貴衣服，女性為三餐打拼很辛苦（得分）30～55分

9、喜用字（吉）看樣子是有財、有庫的樣子，恭禧恭禧（得分）80～95分

不喜不忌（平）賺得多也花得多，但不至於很窮（得分）60～79分

忌用字（不佳）賺再多也花光光，可能存錢不容易（得分）30～55分

10、喜用字（吉）四十一～六十歲的運勢可有不錯成績（得分）80～95分

不喜不忌（平）四十一～六十歲的運勢表現可能平平（得分）60～79分

忌用字（不佳）四十一～六十歲的運勢不是很好ㄛ（得分）30～55分

所以依查喜用或忌用字庫後得知「黃恆堉」三個字在屬狗的字庫中

「黃」—為忌用字，所以得分為30分。

「恆」－為喜用字，所以得分為90分。

「堉」－為喜用字，所以得分為90分。

三個字全部加總共210÷ 3 = 總得分「70分」

所以這個姓名說起來相當不錯了，已經很符合十二生肖姓名學之理論。

以下「黃恆堉」案例為電腦直接由十二生肖論命功能直接抓出之說明：

◎黃恆堉先生 你的生肖屬狗

「黃」

姓氏大部分是用來看個人的思想、先天智慧、未來名望以及父母親、長輩、長官等等人際關係，以下為姓氏的評論：

◎不佳 祖德及祖蔭的庇護較少 （得分）30～40分

◎不佳 父母親的助力、緣分較少 （得分）30～50分

◎不佳 長官及長輩的幫助較少 （得分）30～50分

◎不佳　在社會的形象與名望表現較少　（得分）30～40分

◎不佳　賺錢的型態可能不輕鬆，辛苦呀　（得分）30～40分

◎不佳　氣質尚可，神韻、風采需要加強　（得分）30～40分

◎不佳　結婚的對象或過程可能較有意見　（得分）30～50分

◎不佳　點子不多，構思力不強，反應力平平　（得分）30～50分

◎不佳　先天的判斷力及直覺力待加強　（得分）30～40分

◎不佳　一～二十歲的運氣好像不太如意　（得分）30～40分

「恆」

代表一個人的性情、婚姻關係、兄弟姐妹、健康、情緒、內心世界感受，以下為你的姓名（一）的評論：

◎吉　自我內心的感情世界及自我意識很棒　（得分）80～90分

◎吉　姻緣及夫妻感情狀況會有不錯的運　（得分）80～80分

◎吉　可得兄弟姊妹的幫助，相互緣分也不錯　（得分）80～90分

◎吉　賺錢的慾望及技能表現很好　（得分）80～80分

◎吉　擁有超強的應變能力，聰明喔　（得分）80～90分

◎吉　你將擁有不錯的體質及優美的容貌　（得分）80～90分

◎吉　人際關係很好，協調運作能力棒　（得分）70～95分

◎吉　先天擁有超強的開發能力　（得分）80～90分

◎吉　先天具有超強的領導統御能力　（得分）70～95分

◎吉　二十一～四十歲的運勢會不錯　（得分）70～90分

「境」

代表一個人的工作運、財庫、部屬關係、子女關係、配偶關係、賺錢結果（留不留得住），以下為你的姓名（二）的評論：

◎吉　你先天的福德福分不錯　（得分）80～90分

◎吉　在工作事業運中可得貴人相助很好　（得分）60～90分

◎吉　在先天的資質及潛能方面會表現很好　（得分）80～90分

◎吉　可得部屬及子女的幫助　（得分）80～90分

◎吉　夫妻緣佳有幫助子女晚輩部屬的能力　（得分）80～90分

◎吉　婚姻幸福性能力佳家庭美滿　（得分）80～90分

◎吉　在居住品質及風水方面可得好地緣　（得分）80～90分

◎吉　男性穿著很體面女性食祿財祿都不錯　（得分）80～90分

◎吉　看樣子是有財有庫的樣子恭禧恭禧　（得分）80～90分

◎吉　四十一～六十歲的運勢可有不錯成績　（得分）80～90分

黃恆堉先生依你的姓名總得分平均為：70分。

看完以上姓名吉凶之條文說明，大約可以很清楚了解到學十二生肖姓名學並不困難，只要你熟記各種生肖特性及姓名所代表的運勢，就可隨時隨地跟人討論姓名好壞吉凶喔！

請記著：見人多說好話，多做好事，你就會得到好運啦！

第六章

三才五格筆劃靈動

姓名學原理及解說

前言

三才五格數理姓名學是一套最傳統的論命工具，雖然說是最傳統，但以目前論命老師而言大部分也都採用此種方法及搭配其他學派來論斷一個人姓名好壞或命名或改名。

以三才五格及筆劃數理論述，此種論法乃是起源最早且最基本的論法，有人說此方法稍嫌落伍，但筆者認為酒是愈陳愈香，建議你也要學會本派的論述！

五格簡單說就是天格、人格、地格、外格、總格，所謂數理吉凶就是五格的筆劃數好、壞，至於筆劃數好壞就得參考後面的姓名八十一數吉凶一覽表。

三才五格的對應關係也會影響一個人的運勢，所以姓名之三才五格配置良好者，運勢自然較好，配置不佳者，運勢自然較差。

至於三才五格的各種配置吉凶說明，也請各位讀者將姓名五格排出後再對照說明即可全盤了解。

第一節　三才五格數理姓名學，各格五行之定位標準

各格筆劃數之個位數如為1、2五行屬木；3、4五行屬火；5、6五行屬土；7、8五行屬金；9、0五行屬水。

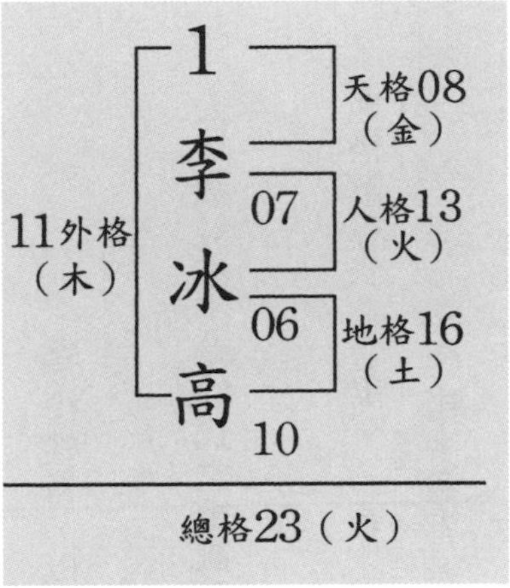

五行相生——木生火，火生土，土生金，金生水，水生木。

五行相剋——木剋土，火剋金，土剋水，金剋木，水剋火。

第二節　三才五格姓名筆劃正確算法

一、天格數算法：◎單姓者，以姓氏筆劃數再加1即為天格數。

◎複姓者，以姓氏兩個字之總筆劃數為天格之數。

二、人格數算法：◎姓氏之筆劃數加上名字的第一個字筆劃數總和即為人格數

三、地格數算法：◎單字名者，以名字筆劃數加1即為地格之數。

◎複字名者，就以名字總筆劃數為地格數。

四、外格數算法：◎單名單姓者外格數都是2劃。

◎其他則以名字最後一字加1 劃為外格之數。

五、總格數算法：姓與名字之總筆劃數相加即是。

五格流年法

十二歲以前看天格和地格運。

十三～二十四歲看人格和地格運。

二十五～三十六看人格和外格運。

三十七～四十八看天格和人格運。

四十九歲以後看總格運。

單姓複名者算法

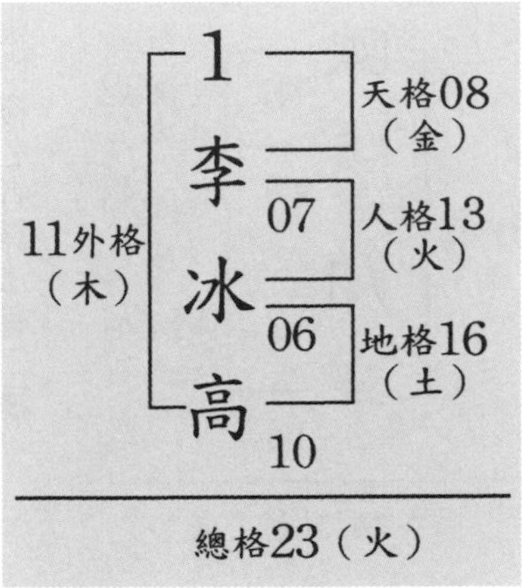

單姓單名者算法

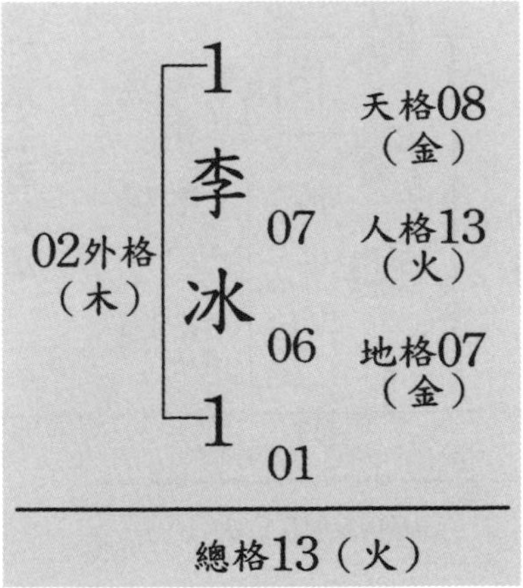

複姓複名者算法有二種

（新式）　　（舊式）

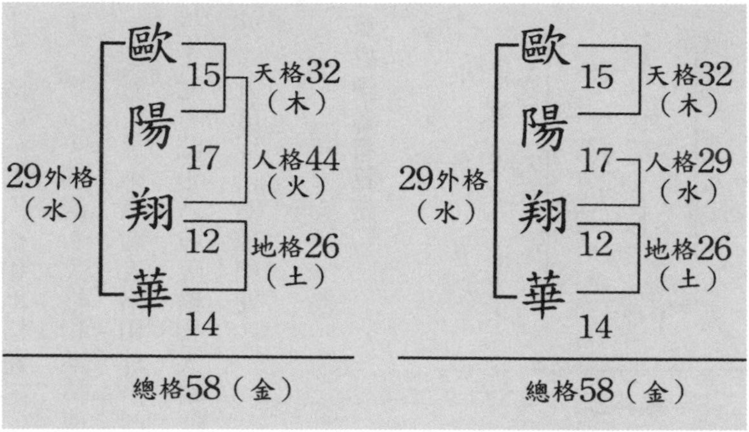

複姓單名者算法

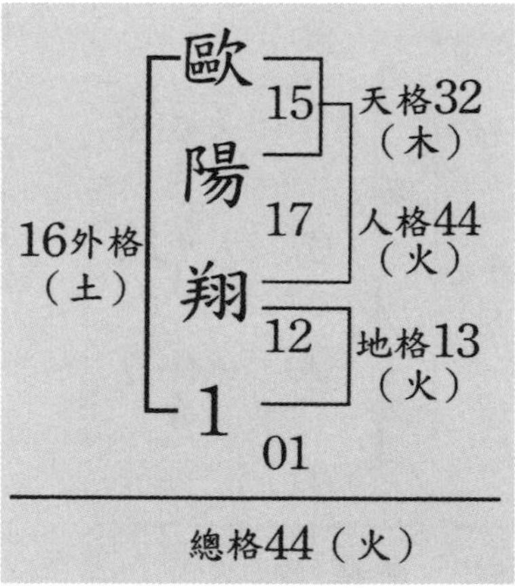

（新式）

第三節　將姓名依照公式排出五格，看五格數字所代表意義為何？

總格數：

總格的數字吉凶也代表一個人一生的成就及結果，尤其是四十九歲以後的運勢，不管外在或內在的表現均以總格來定優劣，所以總格為五格之首，千萬要慎重而為。

天格數：

天格的數字吉凶會影響到人的思想、智慧、名望以及父母親、長輩、長官等等人際關係。流年運不好易犯頭痛，會頂撞上司、離職，容易做出錯誤的決定。

人格數：

人格的數字吉凶會影響到一個人的性情、婚姻、兄弟姐妹、健康、情緒、內心世界。流年運不好夫妻易有口角，感情有第三者，情緒很不穩定，身體狀況不佳。

地格數：

地格的數字吉凶會影響到一個人的工作運、財庫、部屬關係、子女關係、配偶關係。流年運不好時，感情容易出問題，合夥生意不佳，下屬容易犯錯，財運不佳，財庫破損，小孩易交壞朋友。

外格數：

外格的吉凶會影響到同事、朋友的生活對待，以及生意夥伴之間的互動狀況，取名時盡量以吉數為要。

第四節　以三才五格互動所對應出的狀況

各格筆劃數之個位數如為1、2五行屬木；3、4五行屬火；5、6五行屬土；7、8五行屬金；9、0五行屬水。

五行相生——木生火，火生土，土生金，金生水，水生木。

五行相剋——木剋土，火剋金，土剋水，金剋木，水剋火。

天格與人格之關係

一、天格剋人格：（得分50分）

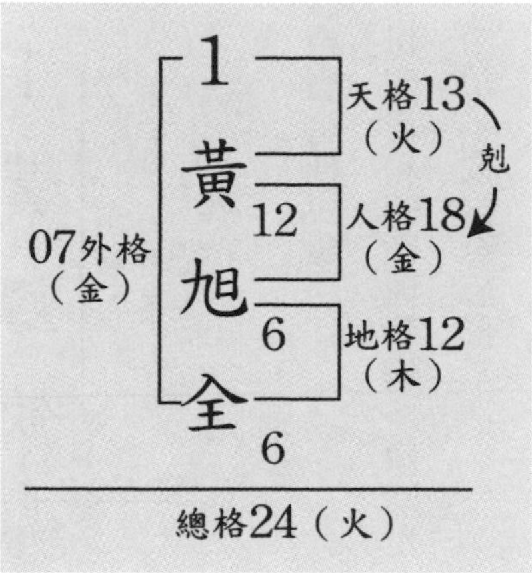

◆應該會有這種現象

長輩或父母屬於比較老實古板型，比較不懂子女心態，或照顧比較不周到，又比較嘮叨等。本身長輩緣也較欠差，在事業方面比較難得到長輩或上司的賞識和提拔。

二、天格生人格：（得分90分）

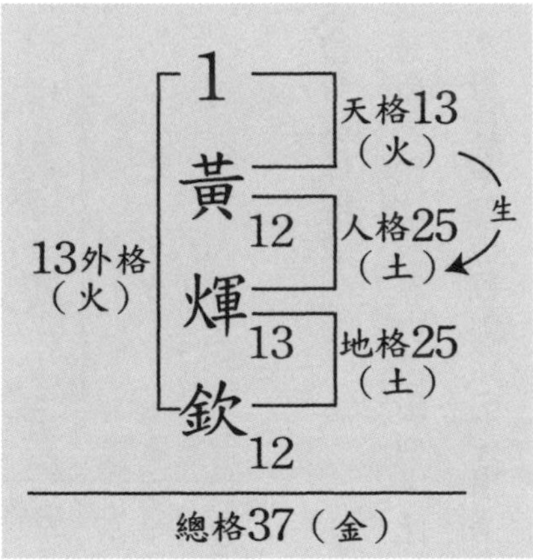

◆應該會有這種現象

備受父母關愛和照顧與栽培，傾向是「天之驕子」型，長輩的疼愛與提拔較多，

但須注意，千萬不要得意忘形ㄛ。

三、天格人格和：（得分80分）

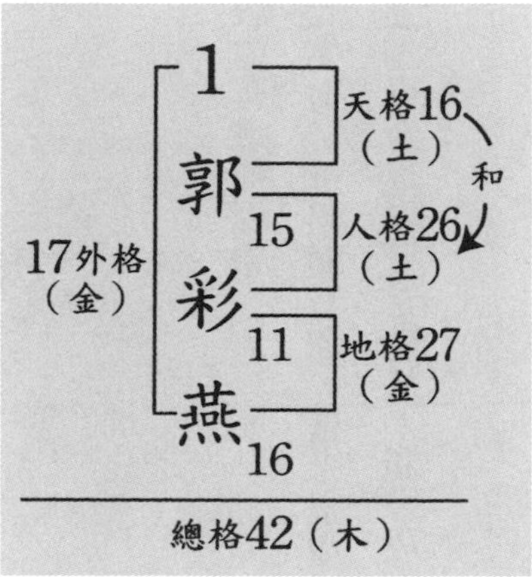

◆應該會有這種現象

長輩、父母與自己互為貴人，父母屬理性型並非強烈要求的那一型，自己和長輩、上司能和睦相處，但卻未必能心靈相通，形態上是互相尊重而不是親暱的形態，至於是否有助力，得看自己能力表現。

四、人格生天格：（得分60分）

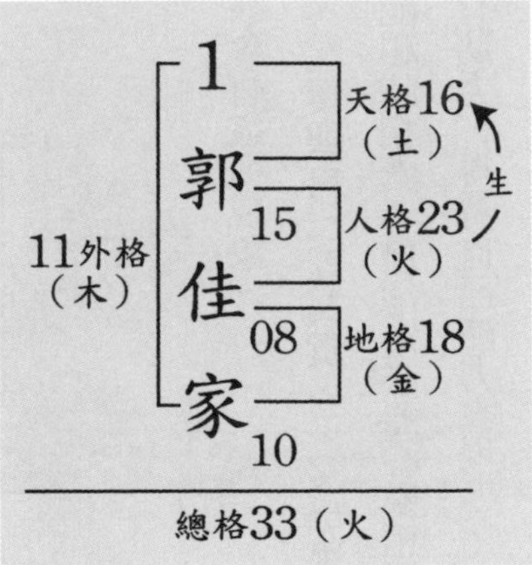

◆應該會有這種現象

看來此生對父母照顧有加，是光宗耀祖或孝順父母型，會尊敬長輩，對父母、長上服從性強，也會維護家族權益，關心親人狀況。

五、人格剋天格：（得分50分）

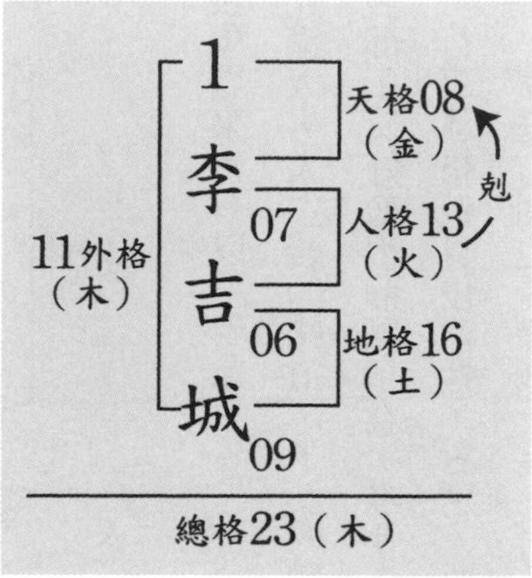

◆應該會有這種現象

老是給長輩出狀況，天生的叛逆型，主觀意識比較強烈，「只要我喜歡，有什麼不可以」的心態很重，對於父母、師長的教誨往往不能服氣，總是我行我素，不過內心裡也未必不孝順，或者可說屬於「孝而不順」的那一型。

人格與地格的關係

一、人格剋地格：（得分60分）

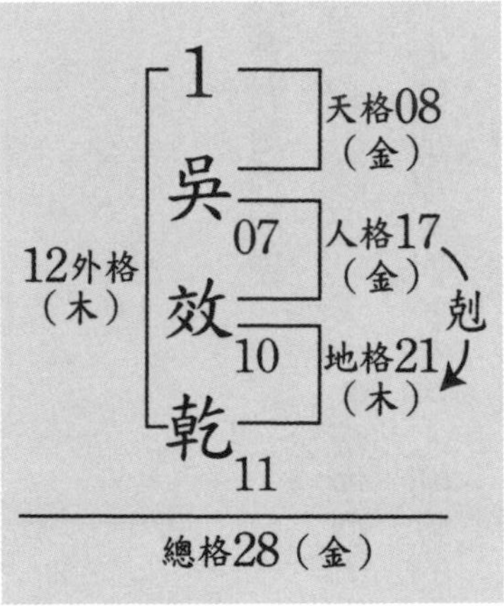

◆從表象看來會有以下現象

看似充滿大男人主義的味道，子女的體質較弱，病痛也較多，常在子女的照顧上煩心，在表面上又好像很照顧子女，唯令人感受不到照顧子女的心，不過並非代表不關心子女。行事風格較具侵略性，對別人要求較高，對部屬而言，屬於一絲不苟、嚴厲型的主管，家庭方面也是權威十足，對於各種求財的慾望強、籌劃多，喜居上位驅使別人，主觀強、固執己見，喜以命令口吻做事。

二、人格生地格：（得分65分）

◆從表象看來會有以下現象

對家庭的責任感重，是標準的「顧家型」，對子女照顧得很細微，雖然有些護短，但還算明理，是那種有話好商量的人，而且是處處想到家的人。具有各種藝術才華，屬勞心、勞力型，有時會見到兄弟不和或夫妻情感不睦之狀況，但是在家庭內，責任心重，懂得照顧與體貼。

三、地格剋人格：（得分45分）

◆從表象看來會有以下現象

天生耳根子軟，容易受騙、上當，有受人拖累而遭遇損失的傾向，一生必須為家庭付出更多的辛勞，卻不見得能改善什麼，同時也不容易得到親友的幫助，然而給人的恩惠卻彷彿是應該的，常常有功無賞，打破卻要賠的情形，同時又學不乖，好像注定是「苦命的濫好人」！為了整個家庭運的運轉，包含精神、體力之支配，付出相當的大。

四、地格生人格：（得分90分）

◆從表象看來會有以下現象

可以得到能力強的配偶的幫忙，親戚、朋友也都有助力，同時也受部屬愛戴，就是那種被說成：「你真是好命」的人，捅了簍子好像也有人代過，無形中就有一份幸運相伴，是一個不管事卻都不太會出事的主管，不過，別高興太早，當大運不佳時就沒這麼輕鬆了，反過來可能疲於奔命來擺平莫名其妙的意外，親朋好友的助力也會減低。

五、人格地格和：（得分80分）

◆從表象看來會有以下現象

與配偶或部屬的關係在意識形態上就像在一定的軌道上行進，一切都很正常，彼此互相尊重，也有一定的向心力，但有時卻又好像平平淡淡的，缺少一種激情的演出，沒有燦爛的火花，也沒有什麼大事發生，反正平安就是福嘛！算不錯了。

人格與外格的關係

一、人格剋外格：（得分55分）

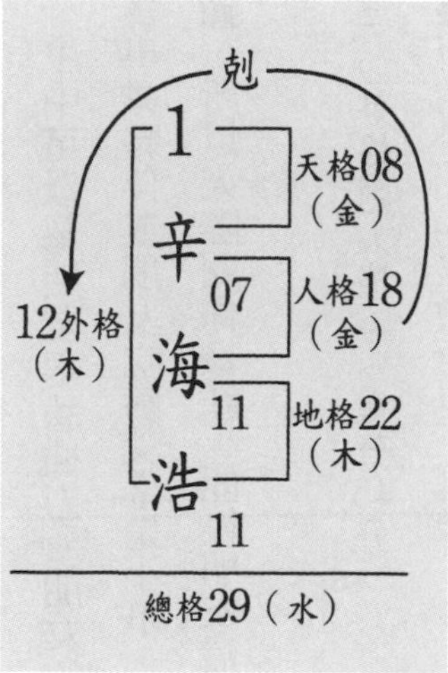

◆以對外的角度會有以下現象

外格可以看部屬、朋友、事業因相剋所以運不佳，常生異心，真心無悔付出卻得不到善意的回應，往往自己好不容易有個好事業夥伴，卻被人輕易的挖走，用心培植出來，認為可堪大用的人才卻帶槍投靠他人，而且親朋好友之間是非也多。自己有事沒事就被流彈所傷，受了委曲又無處訴，精神上無謂的困擾層出不窮。

命帶固執，持傲不服輸，在內心充滿反動意識，想獨當一面及領導或當主管或帶頭，是為「強人型」，做事有衝勁較敢表現，對於財物之追求慾望強。

二、人格生外格：（得分60分）

◆以對外的角度會有以下現象

本身一直想往外擴充發展，易受外界誘惑，充滿美麗的幻想，能於社會上有所表現，本身有藝術才華，人緣交際關係不錯，但好像表面上好看，其實內心空虛，事情特多，有反覆不定之象。

一生中可以為朋友兩肋插刀。朋友的事就是自己的事，待人寬宏大量，不計前嫌，為事業夥伴或朋友吃虧受累是小事一樁，常會為朋友解決事情而惹了一身腥也義無反顧，所以人際關係良好，能得朋友信任。

三、外格剋人格：（得分45分）

◆以對外的角度會有以下現象

容易被欺負，為人已經是低聲下氣了，很奇怪就是交不到好朋友，好像誰都是他的債主，經常被朋友拖累。好事沒分，倒楣、麻煩事一堆，有時破財還不一定消得了災，更奇怪的是發生過的事已受到教訓，還毫無自知之明，又經常往火坑裡跳。不應碰的卻偏喜歡去碰，常常吃力不討好，又得不到人家的感恩圖報，滿慘的。

四、外格生人格：（得分80分）

◆以對外的角度會有以下現象

本身在外人緣不錯，兄弟、貴人助力也多，個性是屬樂觀進取且是交遊廣擴型，朋友多，善交際，且都有實質上的幫助，當不如意時自然有朋友會伸出援手，尤其是財務方面，因朋友財力方面的挹注，不但轉危為安，還更上層樓的意思。而在事業上有發展的機會，一生貴人雖多，唯忌依賴心過重，一心盼望別人贊助。如具有宗教慈善之心，能腳踏實地則一生成功在望。

五、人格外格和：（得分75分）

◆以對外的角度會有以下現象

人格外格同五行基本上是屬平凡型，為人不會惹人注目，也不會被人吃定，跟朋友相處會有一定的默契，朋友有事會主動幫忙，自己有事朋友也會幫忙，如果數理皆吉，則貴人運強，處處逢凶化吉，得到很多的助力。

地格與外格的關係

一、地格生外格：（得分65分）

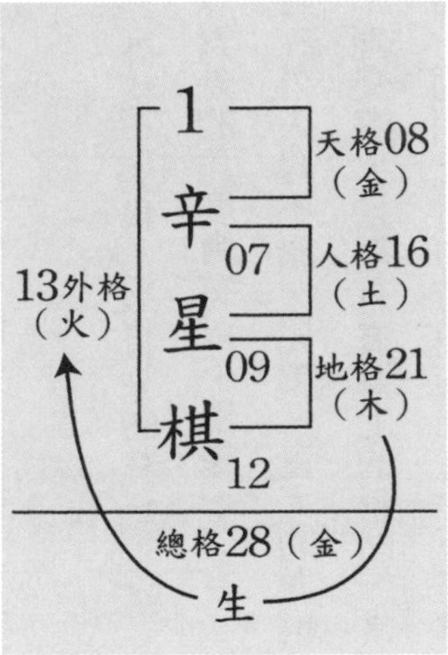

◆家庭成員對外面的感受會有以下現象

以子女方面來講還算滿聽話，在家也應該有很好的享受，但卻禁不起外界的誘惑，而受其影響而忙碌，個性喜往外及接受大自然，認為外面燈紅酒綠世界較為有趣味，有虛華而不實在的感覺。喜往外輕鬆一下對吧！

二、地格剋外格：（得分45分）

◆家庭成員對外面的感受會有以下現象

在外之一切行為思想、交際處事各方面易與人有不合、意見紛爭而被冤枉、誤解，對錢財方面與同輩、同行競爭激烈，常會為工作而疲於奔命，做事也比較衝動、在精神及物質慾追求也會非常旺盛。

三、外格剋地格：（得分45分）

◆家庭成員對外面的感受會有以下現象

可能會有第三者介入家庭內而引起家庭革命，一生中易破財，在情感方面易有出軌的現象，不如意之事常帶回家中，造成緊張而使家運不順、精神不安及身體疾病等等，切記多說好話、多做好事就能消災。

四、外格生地格：（得分75分）

◆家庭成員對外面的感受會有以下現象

在外，人緣交際公關、處事方針，可達到理想地步；在內，身為家中一分子會共創美好的未來，付出勞力，本身在金錢上使用不富裕，因為要建立美好家園的關係。

五、外格與地格合：（得分70分）

◆家庭成員對外面的感受會有以下現象

家庭成員與在外人員交際公關、處事方針，均可達到和睦共處的地步，在內能和睦相處，在外會與朋友共創美好的未來，朋友也會認同我們的想法，要注意本身在金錢上使用不很富裕，要節儉一點日子才會好過。

人格與總格的關係

一、人格剋總格：（得分55分）

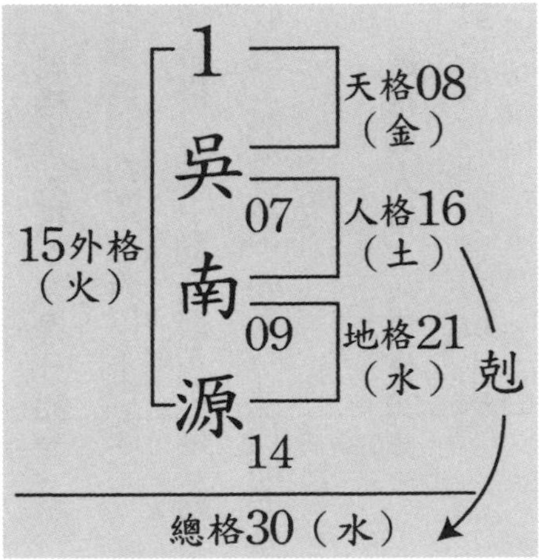

◆對事情的判斷會有以下現象

對財物慾望之需求旺盛，做事也比較想求表現，有時常超出能力範圍，金錢花費很凶，財運起伏大，一生中破耗不少，另外在感情方面與妻妾緣分較淡薄。

以兩格相剋判斷，是屬個性剛硬，很難對人或事服氣的人，每每犯錯又總是一副很有理的樣子，而且還不聽勸告，凡事自以為是，錯了也要錯到底，如果在工作上遇到這種主管就很累人了，不照做不行，照做出了毛病，他又未必負責，真是很煩人。

二、人格生總格：（得分65分）

◆對事情的判斷會有以下現象

此種命格會因本身節儉而得財，一生貴人多扶助，一生多辛勞，奮鬥不懈，能發揮潛在的藝術才華，終究能實現願望並獲得成功，是屬於腳踏實地型，做任何事都有預先規劃，然後按部就班，一分實力做一分事，可穩定成長，內心的思想也是踏踏實實的，不會想要一步登天，與子息較有親近的機會，晚運佳，更能扶助事業而揚名。

三、總格生人格：（得分90分）

◆對事情的判斷會有以下現象

此種命格一生中貴人很多，是一個幸運兒，也比較適合創業做生意，而且經常會有意外收穫，記得當不如意時就找朋友商量，會有意想不到的好辦法出現。

四、總格剋人格：（得分30分）

◆對事情的判斷會有以下現象

此種命格一生總是埋頭苦幹，但往往天不從人願，再怎麼做都不如意，是屬勤苦耐勞型，因人格被剋所以就會感覺壓力很重，所以一生運勢難免大打折扣，如果要成功必須比別人付出更大的恆心與毅力才行ㄛ。

五、總格與人格和：（得分80分）

◆對事情的判斷會有以下現象

是一個說到做到且表裡如一的人，為人坦率，不會做作，也不喜奉承，與人交往時，或許無法得到立即的認同，但好酒是愈陳愈香，最後一定會得到認同，為人信用很好，每每言出必行，不會打折扣，所以可以取得人家的信任，適合自行創業，雖然不是一炮而紅的型，但也能順順利利地一步一步邁向成功之路。

地格與總格

一、地格剋總格：（得分40分）

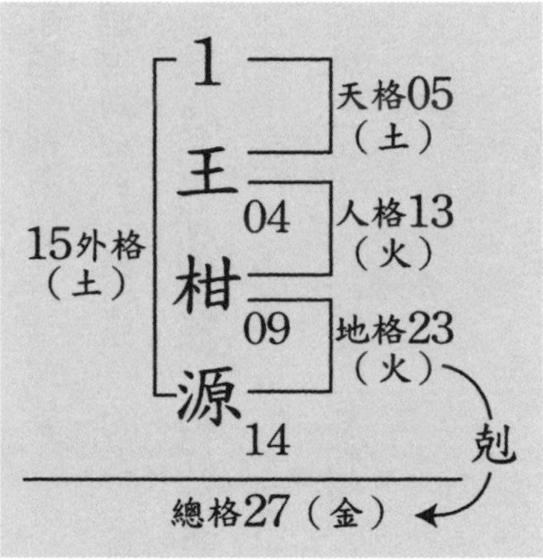

◆與家庭的相處狀況會有以下現象

整個家庭氣氛不是很好，有溝通不良之傾向，主要問題出在配偶及小孩對生活上的要求，在配合度上無法取得適當的協調，以致累積種種的不滿，而表達的方式又非心平氣和的理性溝通，反而是牢騷、埋怨的方式，突增困擾，想不出方法可以解決，會有這種情形出現，起因是一開始就不懂用疏導來化解，日久養成習慣，變成看到什麼事不唸一唸就不痛快，很難改變這種現象，因為這已是習慣較難改變，除非痛下決心，或可慢慢改善。

二、地格生總格：（得分80分）

◆與家庭的相處狀況會有以下現象

地格屬部屬及下屬及配偶助力（生）代表能得到一位好配偶，尤其在事業方面的幫助很大，而且配偶是屬於輔佐型的，不會和你爭著掌權發令，而且又能分攤大部分的責任，下屬及配偶雖未必聰明過人，但相當幹練，也任勞任怨，若是夫妻共同創業，不但有相輔相成之功，雙方都善於營造愉快的氣氛，可說人氣、財氣皆旺。

三、總格剋地格：（得分55分）

◆與家庭的相處狀況會有以下現象

是屬於麻煩型態，家庭裡會紛紛擾擾的，比較不得安寧，配偶對事情的感覺比較神經質，而自己又好不到哪裡去，有時，經常會為一點小事鬧得不可開交，事後又後悔，常罵自己是神經病，常常一言不合又吵起來了，總是沒完沒了的。探究原因是個性的成熟度不夠，情緒的控管也不好．子女運亦不佳，身體和功課方面不太理想，若再加上經濟因素，就是標準的「貧賤夫妻百世哀」的結局。

四、總格生地格：（得分70分）

◆與家庭的相處狀況會有以下現象

是屬於歡樂型態，家庭關係、小孩關係，和樂融融，全家向心力很強，彼此互相關心，不過有時會有牽絆感，一般在意見溝通上是採民主方式，沒有威權的壓迫感，夫妻間各自獨立，各有自己的領域，感情世界也是較理性的，子女身體健康、聰明活潑，功課方面也不用太操心，一家人相處亦親、亦友，是讓人稱羨的現代化家庭，這種生活模式很不錯。

五、總格地格和：（得分70分）

◆與家庭的相處狀況會有以下現象

夫妻間誰主內或主外都各自獨立，各有自己的領域，感情世界也是較理性的，子女身體健康、聰明活潑，功課方面也不用太操心，一家人相處和樂，美滿現代化的家庭生活典範。家庭關係有點黏又不會太黏，和樂融融，向心力很強，彼此關心，意見溝通上採民主式雙向溝通，沒有強勢的威權感。

舉例說明

林蘭臻小姐依你的姓名三才五格及八十一數姓名學來論斷，

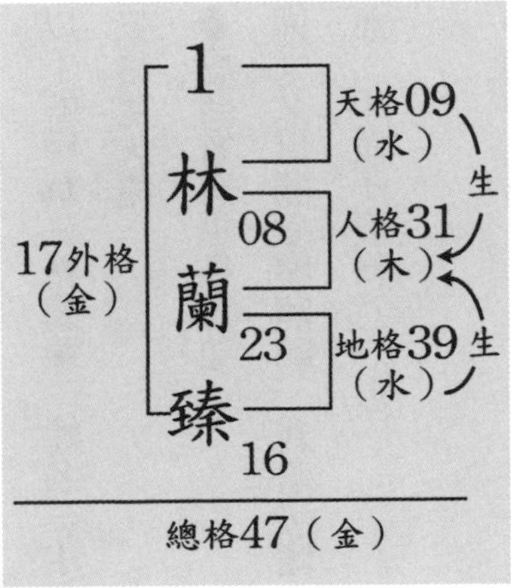

以下解釋為「林蘭臻」姓名三才五格間之互動而產生的情形

天格生人格

◆應該會有這種現象

備受父母關愛與照顧、栽培，傾向「天之驕子」型，長輩的疼愛與提拔較多，但須注意，千萬不要得意忘形。

地格生人格

◆從表象看來會有以下現象

可以得到能力強的配偶幫忙，親戚、朋友也都有助力，同時也受部屬愛戴，就是那種被說成：「妳真是好命」的人，捅了漏子好像也有人代過，無形中就有一份幸運相伴，是一個不管事卻都不太會出事的主管，不過，別高興得太早，當大運有傷剋時就沒這麼輕鬆了，反過來可能疲於奔命來擺平莫名其妙的意外，親朋好友的助力也會減低。

外格剋人格

◆以對外的角度會有以下現象

為人已經是低聲下氣了，很奇怪就是交不到知心的好朋友，好像誰都是他的債主，經常被朋友拖累。好事沒分，倒楣麻煩事一堆，有時破財還不一定消得了災，更奇怪的是發生過的事已受到教訓，卻無自知之明，又經常往火坑裡跳。不應碰的卻偏喜歡去碰，每每吃力不討好，又得不到人家的感恩圖報，滿慘的。

總格生地格

◆與家庭的相處狀況會有以下現象

是屬於歡樂型態，家庭關係和樂融融，全家向心力很強，彼此互相關心，不過有時會有牽絆感，一般在意見溝通上是採民主方式，沒有威權的壓迫感，夫妻間各自獨立，各有自己的領域，感情世界也是較理性的，子女身體健康、聰明活潑，功課方面也不用太操心・一家人相處亦親、亦友，是讓人稱羨的現代化家庭，這種生活模式很不錯。

外格生地格

◆家庭成員對外面的感受會有以下現象

在外，人緣交際公關、處事方針，可達到理想地步；在內，身為家中一分子會共創美好的未來，付出勞力，本身在金錢上使用不富裕，因為要建立美好家園的關係。

以下解釋為「林蘭臻」姓名五格八十一數理而產生的情形。

總格數：47

總格的吉凶也代表一個人一生的成就及結果，尤其是四十九歲以後的運勢，不管外在或內在的表現均以總格來定優劣，所以總格為五格之首，千萬要慎重而為。

妳的姓名運為以下論述：

○四七數　得分88：進退得宜，大業可成

一生中平順過日，凡事能心想事成，人際關係和諧，偶遇困難，貴人會來協助，在生活過程中常能逢凶化吉，做事總能脫穎而出，凡事剛開始時有拘束不如意，但時機成熟時自能出人頭地，家庭美滿，子孫賢孝之大吉數。

一生交際廣，樂於助人，雖花費大，但財運豐，對部屬寬厚，擅長為人排解糾紛，在外人緣特好。

女人如有此數，出身名門多才藝，少女就有很多人追求，並容易與富貴人家結成親家，生活美滿，令人羨慕。

天格數：9

天格的吉凶會影響到人的思想、智慧、名望以及父母親、長輩、長官等等人際關係。流年運不好時，易犯頭痛，會頂撞上司、離職，容易做出錯誤的決定。

妳的姓名運為以下論述：

╳九數　得分50：有財無運，情關難過

一生雖理想高，但容易失敗，有時有志難伸，知音難尋，容易超越現實不易容於社會。意志不很堅定，行為舉止比較輕浮，是為孤苦無依之數，一生戀愛運、親友運差，較難得到身邊之人的幫助，且常陷於是非糾紛之中。

倘能在失敗挫折中潛心學習，或能在藝術、宗教，五術哲學領域中，漸漸得到成功發展。

人格數：31

人格的吉凶會影響到一個人的性情、婚姻、兄弟姐妹、健康、情緒、內心世界。流年運不好時，夫妻易有口角，感情有第三者，情緒很不穩定，身體狀況不佳。

妳的姓名運為以下論述：

○三一數　得分90：漸進向上，吉星相助

為人善於領導，樂於助人，做事總不甘屈居於人下，年輕就容易當上主管或老闆；一生財運豐，生活重品味，身體健康良好，如能創業則大吉。為人仁德兼備，有堅定意志能克服困難、建立事業，能名利雙收，深得眾人擁戴、景仰，可享富貴榮華，一生務實進取、努力不懈，能在社會得到好名聲與地位。

地格數：39

地格的吉凶會影響到一個人的工作運、財庫、部屬關係、子女關係、配偶關係。流年運不好時，感情容易出問題，合夥生意不佳，下屬容易犯錯，財運不佳，財庫破損，小孩易交壞朋友。

妳的姓名運為以下論述：

○三九數　得分89：撥雲見月，榮華富貴

一生中精力充沛、多才多藝，個性積極、活潑，社交能力強，容易成為傑出政治家或企業家，此乃貴氣之數，一生否吉泰來，集富貴、長壽匯於一身之象，是為眾所欽佩之數。但有時會物極必反，陽生陰，陰生陽，亂了磁場，不能不謹慎。

婦女有此數較易成為孤寡之狀況。

用錢很大方，恩怨分明，容易被評為愛出風頭、個性急，在平穩中顯不出威力，當面臨困苦時，反而易成就功名。

外格數：17

外格的吉凶會影響到同事、朋友的生活對待，以及生意夥伴之間的互動狀況，取名時盡量以吉數為要。

妳的姓名運為以下論述：

○十七數　得分78：排除困難，固執強悍

擁有堅忍的毅力令人敬畏，但負擔過量，做事具有權威性，然而固執己見，缺乏溝通及寬容大量。若能從善如流，即可大獲成功。

凡事喜自行做主，所以主觀強，不甘屈居於人下，比較不擅處理人際關係，而易招嫉妒，容易為小事而與人爭辯不休，宜多修身養性必能鴻圖大展。

以上論述是由本書所附之姓名學軟體之另一版本（專業版本所論述之案例）。

如需購買專業版軟體來輔助論命電洽本中心。

第五節　姓名八十一數各數理解釋及得分

姓名學之數係循洛書之數，乃為變數，亦即是用數所以每一數都有不同的意義，數的累積並不是由一積至十、十積至百之體數，所以九乘九之數等於八十一，八十一數為姓名學上之數較為合理。由一至八十，還本歸元，周而復始，超過八十一就要減八十，循環無窮，永劫無疆，次序不亂，此乃大宇宙之真理。

○一數　得分90分：元亨利貞，富貴延年

一為萬事萬物之始，始者氣之始，具有創造、富貴、長壽之意義，為人性剛強且重義氣，是一勤奮之格，有樂於助人之心，頗能受人尊仰，但僅有小氣而未形成大氣，故不可妄動，需緩緩而進大可成功。

×二數　得分45分：動蕩不安，力弱無援

此數為萬事、萬物生長之數，但有形無氣、柔順、無能，有無力之靈意，為人性柔順、重利、被動，欠缺創新的思考能力，個性判逆，遇事堅持己見，但無獨立氣魄。

○三數　得分85分：向下紮根，貴人多助

萬物定形之象，能博得名利之數。為人聰明，注重生活享受，心寬量大，具有領導風格，能建立大業之吉數。

為人外向，好動且重享受，人際關係好，一生順利，喜歡掌握權力不受拘束，對部屬、晚輩寬厚，是一個天生管理別人的料。

女人逢此天生較勞碌，熱中工作，財運豐，工作運相當強，外出工作得上司重視。

×四數　得分50分：口快心直，勞而不獲

此數為不倫不類、無能生存之數，為人大多消極，性陰沉頑固，難成大事。

一生精神多苦悶，力不從心，雖有才華也很努力開創，但總是脫離現實很難被認同；身體病弱，財運平平，但對人際關係的處理上較不圓融，易受親友誤解。不宜從事投機、冒險事業，以免遭受失敗。

女人有此數，理想甚高但不切實際，也不知足，性剛直，對事主觀強，言語雖出於善意但易受誤解而得罪人，也容易失戀。

○五數　得分85分：忠厚信實，吉祥如意

一生貴人多助，吉星高照，溫文有禮很受歡迎，事業常有意料之外的好運，為人中立平和，能生能成，能四通八達，為人聰敏，性溫和忠厚，人緣極佳，能興家立業之吉數。外表雖沉穩，但內心積極求變，想法新穎具創意，不滿足於現狀，一心想追求更高境界，一生常換工作或場所；交際手腕圓滿，常令人心服、口服。

○六數　得分80分：擇善奉行，立志奮發

為人豪爽，花錢較無規劃，此數之人聰慧兼具有美德之性格，若能平穩持重，可享和樂長壽，不然則容易盈極為虧反為不利，但不至於會困頓潦倒。

一生平順，容易享有祖上餘蔭，具長官風範，願提攜後進，深得部屬歡心喜愛；較愛面子，用錢較闊，但在社會上容易享有高聲望。看來桃花多，婚後常有應酬，宜節制。

○七數　得分80分：精力旺盛，剛強不屈

個性剛毅獨立，陽氣過盛，為人性情剛硬，做事積極，不與人攀親攀故，處事欠缺圓融，如能改進則會變成有人緣，先天具有天賦精力可克服萬重難關。

是一個恩怨分明的人，個性急也很好奇，喜怒哀樂全寫在臉上，人際較不和諧，有時自己的好意常被誤解，心生鬱卒。

○八數　得分85分：先穩再攻，始終如一

具有堅忍不拔的恆心和毅力，能貫徹意志、成就願望。但有時堅持己見，卻容易迷失方向。具超強意志力和耐力，看來精力旺盛不服輸，總是能突破重重難關，獲致成功，擁有此數大都少年早發，是一個寧為雞首不為牛後之人，希望自己當家施展抱負。一生容易成功，但也容易驕傲自滿、自大，而引人反感而招來煩惱。

╳九數　得分50分：有財無運，情關難過

一生雖理想高，但容易失敗，有時有志難伸、知音難尋，容易超越現實不易容於社會。意志不很堅定，行動舉止比較輕浮，是為孤苦無依之數，一生戀愛運、親友運差，較難得到身邊之人的幫助，且常陷於是非糾紛之中。倘能在失敗挫折中潛心學習，或能在藝術、宗教、五術哲學領域中，漸漸得到成功發展。

×十數　得分40分：辛酸失意，徒勞心力

不喜歡過平靜的生活，生活漫無目標，好像身陷茫然中，以致會惹上莫名病痛，且易犯官司等不幸之狀況。如常說好話、常做善事就能由絕處而轉變大成功。創業過程比較容易投機取巧，起伏多變，不喜歡循規蹈矩平實的過日。易生意外，為人好面子，有點外華內虛。

○十一數　得分90分：穩健踏實，一步一腳印

看來是吉星高照，逢凶化吉之數，一生能平順通達，福祿、財祿不缺，很早就能享名望，一生敢作敢當腳踏實地，深受同業敬佩，此數也是草木逢春、處處生機、天資聰穎之數，為人平穩踏實，得名望，當可大展鴻圖。但主觀意念稍重易陷獨斷獨行，反招人怨，宜避免有此情形發生。

×十二數　得分55分：心性不堅，好大喜功

做事經不起考驗，容易患得患失，遇事則半途而廢，錯失良機而後悔莫及，凡事不堪打擊，一敗塗地，自憐自艾。常圖非分之心，招致失敗，以致陷入苦境。家族緣

甚薄。個性溫文儒雅，但意志薄弱身體差，無法居領導位置，只適合過安穩、固定之生活。

○十三數　得分90分：天賦智慧，廣結人緣

適合做領導型人物，外向好動，若從事社交公關、旅行或業務工作，容易發揮長才而獲成功。為人足智多謀、多才博學，善於處理事務，具有隨機應變之能力，獲得大成功之吉數。

唯因充滿自信，逞其能者有弄巧成拙失良機之暗示。因熟外交辭令，應對得體，人緣好，受人歡迎，喜愛熱鬧場合，性急不拘小節，容易早交異性人緣好，社會聲望崇高。

╳十四數　得分45分：表裡不一，孤立無援

常為經濟拮据而困擾，因本位主義太重，不聽勸告，一意孤行，為人好虛榮、重外表、不充實內涵，以致諸事不能如意，一生黯淡，家族緣薄，孤獨無依，親友緣薄不得助，孤僻冷漠，為人高傲，所以生活方面很苦悶。

〇十五數　得分90分：心性豁達，為人誠信

此數容易成功，少年早發，中年即能名利雙收，富貴顯耀，輕鬆獲得成功，圓滿無缺之大吉祥之數，因思想新穎而多變化且為人溫良謙恭，能獲得長上提拔，能成功立業。德高望重，福及子孫也。遇困難能得貴人相助，凡事能逢凶化吉；財運不錯為人慷慨大方，受人歡迎，身心健康，精力旺盛，一生少有病痛。

〇十六數　得分85分：自信正直，能獲眾望

為人較愛面子，一生奮發有果斷力，能任勞任怨不辭勞苦，容易成就財富與功名，而受眾人擁戴、推崇，又能獲長上器重，而得到名望，成就一番事業，是富貴吉祥之數。與人謙恭有禮也樂於助人，人緣好、樂觀幽默，深得異性喜愛，精力充沛，耐性也夠。

〇十七數　得分78分：排除困難，固執強悍

擁有堅忍的毅力令人敬畏，但負擔過量，心性需要調適，做事具有權威性，然而固執己見，缺乏溝通及寬容大量，若能從善如流，即可大獲成功。

凡事喜自行做主，所以主觀強，不甘屈居於人下，比較不擅處理人際關係，而易招嫉妒，容易為小事而與人爭辯不休，宜多修身養性必能鴻圖大展。

○十八數　得分85分：百事亨通，成功在望

一生都能腳踏實地做事，有恆心、有毅力能化阻力為助力，堅忍不拔，過程中容易遇上強勁對手也有能力應付，且一生中能有權力威望，對事情會全力投入而奮鬥不懈，能排除困難，達成目標，最後能名利雙收。然亦因自尊心頑固，以致得不到他人之諒解，影響事業與聲望，宜修心養性。歷經磨練才至成功。律己甚嚴自視高，給人高傲自大感，容易得罪別人惹麻煩。

╳十九數　得分50分：多災多難，前途受阻

為人雖多才多藝且頗有智能，足以建立大業，博得名利，但中途多遇挫折以致有前功盡棄之嘆，人生是屬獨立早熟型，事業、身體易遭損傷，或捲入是非糾紛而留下錐心的痛苦經驗，很多事都功虧一簣，有內外不和之象發生。然亦有富翁、偉人出自此數者；為人想像力豐富，對哲學、宗教、設計有良好天分。

╳二十數　得分40分：進退維谷，官司纏身

一生不甘過平靜生活，為人剛強、自負，心直口快，易生是非，不安、厭倦安定生活，喜歡追求刺激，偶有橫發之事發生，但也常有驚濤駭浪之事發生。屬命差之格局。故宜修身養性，勤勞、耐苦、節儉，也許可保平安。好運來得快也去得快。常有訴訟纏身、身心疲憊的情況發生，常唸佛號自可平安。

○二一數　得分85分：天降福運，否極泰來

為人剛強不服他人管束，一生奮發向上，掌握權力，少年較不走運，中年運能建立良好名聲、地位，但因好面子不服輸，容易爭風吃醋，宜涵養心性，命運就像萬象更新，冬去春來之象，之間雖有勞苦遭遇，但交好運後就能建家立業，大獲成功。一生桃花運多，對感情不易控制情緒；喜歡支配、命令別人，容易當領導（女性忌用，易成孤寡）

╳二二數　得分45分：屋漏逢雨，時運不濟

為人柔弱溫和，若有貴人多助則易成功，若缺乏進取之心，凡事虎頭蛇尾，紛爭

難息，橫生枝節，以致將成失敗，諸事不能如意，常受挫折，一生怕會體弱多病，身心過勞等病痛。

坐這山望那山，心比較無定見，博學而不專精，眼高手低不肯腳踏實地，所以外表華麗而內心空虛，身體稍差，做事易累，神經容易衰弱是也。

〇二三數　得分80分：旭日昇天，名揚四方

一生桃花多，有異姓緣，且具首領氣質，懂得運用群眾心理，能得眾人擁護為其效命；對部屬寬厚，在上司面前則自視太高，容易犯上，不甘屈居人下，但因相當努力進而獲至大成功，為人心胸開闊、積極進取，名利俱穫之大吉數。婦女有此數者容易超越丈夫成就，反為不吉也；不辭辛勞，深得眾望，中年以前則有良好聲譽。

〇二四數　得分85分：先苦後甘，完美主義

心思細密，處事嚴謹，能於穩健中得到發展，能平步青雲；凡事必親躬，不假人手，自尊強，不願受人幫助，也能白手從艱難辛苦中起家，個性百折不撓，終究能獲得成功，達成願望。為人方面慷慨，一生善於策劃，具有發明力，可享富貴榮華。

早年腳踏實地，中年靠信用與才能獲得成功，晚年則有發達好收穫。用錢精打細算，凡事講求效益，一生沒有大的人生障礙。

○二五數　得分75分：多才多藝，修身養性

外表看似溫柔其實主觀強，言詞犀利令人難以招架；博學多聞記憶好，恩怨分明自視高，在不知不覺中孤立了自己，因而群體人際關係難得圓融。為人聰穎，具有特殊才能，盡力而為能獲得成功，然因有信口開河、語帶尖酸的個性，與人易生不和而釀成或影響人際關係。人生信用方面易招致減分，故不能不謹慎。對學術、藝術纖細、敏銳，往此方面較有發展空間。

△二六數　得分60分：半吉半凶，千變萬化

生命過程兩極化，徘徊在黑暗與光明之間，

一是：意志不堅者易臣服於逆境之下，富有義俠精神，常遇駭浪驚濤，最後能尋到生機，但意志軟弱者，隨波逐流，困守愁苦之境，此數含有放縱、淫亂、固執等不祥之兆。

二是；亦有怪傑、名人、政要、孝子出自此數者。此格多出英雄、志士、烈女，需有超強意志忍受煎熬方能成功，常人勿用，以免弄巧成拙。

△二七數　得分60分：成敗循環，攻守謹慎

個性急又過於愛面子，早年運尚佳，中年運後漸漸衰微；自尊心頗強，一生不願向人低頭，自視高，很容易眼高手低，由於心智早熟，生性聰明伶俐，自我之心太強，因之早年能得短暫風發，但中年之後因得意忘形而招致不順，以致挫折、心灰意冷、喪失鬥志，務宜修心養性，保持人和，處事不可大意，即可保持幸運之延續。

雖待人熱心卻得不到感激，事業一向平順，一旦失敗卻又不敢面對現實，需要很長時間才可能東山再起。

╳二八數　得分50分：財來財去，易受中傷

一生中有一意孤行的傾向，心靈空虛容易受創傷，因此會留下深刻陰影；一生中財運不定，很容易受親友的連累與誤解，以致造成情緒上的不安，由於生性豪爽，因此比較容易受流言中傷，引起誤解而招來反感，家族六親緣微薄，女孩子有此數即多

陷於孤苦無依之境，或突逢事業失敗而心灰意冷，身心招致煎熬，對人生體驗深刻，感受人情冷暖而寄託宗教信仰。

○二九數　得分85分：多智猜疑，精業求進

為人聰明能幹，特色是：英敏果決，善於領導，易得功名；雖自視高但負責任，能得部屬尊敬及長官器重，做事嚴己、律己可成眾人表率，早享名望和地位；為人智謀兼備，具有崇高理想，永遠都是精力旺盛，但因不能滿足慾望，一意想攀登高峰，會有阻礙。故知足為樂，謹慎才能無憂。婦女有此數者，易流於男性氣概、善猜疑、招嫉妒。身體不錯，也有運動天分。

╳三十數　得分55分：投機取巧，大成大敗

因喜從事冒險活動，所以一生中會有一、二次大困境，但在最危險關頭，總會化險為夷，度過此以後就會一帆風順、功成名就；然而因心情浮沉不定，為人少有定見，處事抓不到重心，亦勝亦敗，最後可能招致失敗。一生中須靠貴人來幫助方可成功。故應認清目標，貫徹始終才能有所成就。做事朝三暮四，又愛冒險投機，過不慣

平穩、安定生活，在判斷上如果一意孤行，一夕間可能招至身敗名裂ㄛ。

○三一數　得分90分：漸進向上，吉星相助

為人善於領導，樂於助人，做事總不甘屈居於人下，年輕就容易當上主管或老闆；一生財運豐，生活重品味，身體健康良好，如能創業則大吉。為人仁德兼備，有堅定意志能克服困難、建立事業，能名利雙收，深得得眾人擁戴、景仰，可享富貴榮華，一生務實進取、努力不懈，能在社會得到好名聲與地位。

○三二數　得分90分：幸運降臨，成功可望

一生中容易獲得長輩、上司眷顧與提攜，能享受庇蔭而成功；唯個性急無定性，博學而不精，但人際互動圓滿，尚能獲得他人之助，要順利成功並不難。為人誠實，認真努力，一生中也善抓住機會，又有貴人提拔，終能獲得成功，是為光耀門楣之大吉數。為人比較擅交朋友，精於企劃，但執行力較差，須依靠別人提拔、合作才能獲得成功，聲望、地位佳。

○三三數　得分85分：光輝權高，宜修人和

個性是一個好勝爭強之人，永不服輸，戰鬥意志高，總不畏辛勞來達成使命，一生容易功成名就，到那裡皆能風光，為人性情剛毅、才德兼備，具有勇敢果斷之精神，成就事業，也能博得名利之吉祥數，但恐性情過於剛毅，且做事武斷而招來不利。此數會因個性好勝爭強，疏於照顧家庭，婦人少用為宜。

一生中對別人要求嚴苛，易起反感很難結善緣，命運中阻力自然增多；但健康良好，財務也豐，可能很早就能當上主管或老闆，不錯喔！

╳三四數　得分45分：徒勞無功，窒礙難行

一生中命運坎苛多難，挫折較多，在順境中也可能遭逢不測而導致一敗塗地，所以須兼具大智、大勇之才能，才能度過重重難關而至成功，否則容易沉淪，慘遭淘汰，此數具有蕭條，寂寞之意，為人個性倔強、一意孤行，一遇挫折就會心灰意冷以致無法排解，因此一生鬱鬱寡歡。

此數有六親緣薄之象，也容易受牽累或糾纏不清，身體稍差，心情苦悶，常有厭世想法，此數常出英雄、烈女。易受制於身體、經濟、法律方面的困擾，而困苦不堪。

〇三五數　得分75分：溫良恭謙，恬淡無欲

腦中充滿創新，為人心地善良、忠厚，但處事消極，個性開朗，能廣結善緣，能得朋友、貴人相助，一生中也能自給自足。

才能好，博學多藝，對文學藝術能獲得成就，為人溫和而稍嫌守舊、封閉，因此不足為首領格，很多事無法仰賴他人而須自立更生，但如有貴人相助較能成功，興趣廣泛，學習卻不精，雖可成通才，卻不易在工作上達到頂尖成就。生活小康，喜歡清閒，善於安排人生，待人謙恭，婚姻美滿。

╳三六數　得分50分：懷才不遇，是非糾葛

好像很容易遇上不滿之事，或無端捲入是非糾紛中，因為人豪爽、講義氣及容易管閒事，一生中為人打江山而不求回報，當自己有困難時卻不一定能得到別人幫助，真是捨己為人，為人智謀雙全，但缺乏自主性及進取之心。故自己比較無法成事，而為他人謀事卻能獲成功，乃有軍師之才而無主管之格，如一心攻於心計，容易憂勞成疾。為人愛面子，常為財所苦，真是叫富屋貧人，外華內虛，也易受他人牽累。

○三七數　得分88分：吉人天相，德業顯達

一生做事恩怨分明，遇事能突破萬難，如創業也能成功，算是智、仁、勇三全，財運豐厚，易受別人尊敬；當遇到困難時能激起不屈不撓的精神，能以德服人，而得到聲望。為人忠誠，言行合一，且具有獨立的氣魄，應可順利發展獲得成功。但此數理含有剛毅之數，故宜涵養德性，否則有損吉祥，是一個天生主管的命，年輕時易當老闆，待人寬厚，重生活享受，慷慨大方，也受尊敬及多數人歡迎。

△三八數　得分60分：意志不堅，難獲財利

生來聰明且博學多聞，做事也腳踏實地，但意志稍嫌薄弱，以致荒廢事業而自失前程，一生精通研究企劃，在藝術、學術方面有發展潛能，但執行力稍嫌不足，不適擔任主管職位，如勉強領導則會力不從心。因意志薄弱難以貫徹志望，雖具才學，但未能量力而為，有好高騖遠傾向，以致一生平平凡凡到老亦無大成就。

○三九數　得分55分：撥雲見月，榮華富貴

一生中精力充沛、多才多藝，個性積極活潑，社交能力強，容易成為傑出政治家

或企業家，此乃貴氣之數，一生有否吉泰來集富貴、長壽匯於一身之象，是為眾所欽佩之數。但有時會物極必反，陽生陰，陰生陽，亂了磁場，不能不謹慎。

婦女有此數較易成為孤寡之狀況。用錢很大方，恩怨分明，容易被評為愛出風頭、個性急，在平穩中顯不出威力，當面臨困苦時，反而易成就功名。

╳四十數　得分55分：浮沈不定，謹慎為宜

一生中才智聰明，理想過高，對任何事都充滿興趣，但就是不易持久，也不易達到應有榮耀，若能安分守己，一生則可保平安，為人足智多謀、膽識過人、驕傲不遜，易受評擊，因之缺乏威望，一生也喜好冒險、投機取巧，此數為不吉之數。理想、抱負多，也能積極進取，但最後成功的事業往往不是自己原先的願望，一生財祿雖不錯但出手大方喜好排場，易生失敗，要好好改進。

○四一數　得分90分：有德有能，揚帆得意

為人寬厚，男子之最吉數；為人處事光明正大、肚量寬宏且朋友多，智、仁、勇兼備，英雄出少年，長上及部屬多為貴人，一生道途平順。有如明月當空，心地善

良，為人慈祥，才智、膽識都有，向上前進，能成大事、大業，博得好名利之吉祥數。

女人逢此數，獨立能幹，助先生創業，家庭也能獲得照顧，財運豐；注重工作，能享受生活不錯ㄛ。

△四二數　得分66分：多藝不精，好高騖遠

雖聰明靈巧，但有一意孤行的傾象，一生想追求超乎現實的願景，但不一定能成功，此個性適合做研究、開發工作。一生興趣多，博學而不精，熱心但不易持久，心地善良、樂於助人，交遊廣闊、得人助，且多才多藝，博得虛名。唯缺乏恆心、毅力，做事不專一，多才少成，中年後恐怕會陷入逆境，為人多愁善感，宜培養文藝、音樂方面，潛心鑽研當有所成就。

女人有此數，溫柔、忍耐力強，凡事精通但因理想過高，對於平淡生活易有怨言，心靈空虛鬱悶，家庭生活不算優等。

╳四三數　得分52分：虛華無實，外祥內苦

給人感覺注重生活品味，一生中桃花多，為人責任心重，做事認真、積極，為人恩怨分明，主觀強，很容易一意孤行，用錢很大方，戀愛機會多，容易為情所困，雖能建立一時愛情，但基礎不夠堅穩，終免功敗垂成。為人稍具才能，巧飾外表，掩藏缺點，如常故弄玄虛，終會露出馬腳，因之失去信譽，宜腳踏實地，實事求是，才能有點成就。

╳四四數　得分45分：事難順遂，愁上眉鎖

思想上感覺怪異，為人也超現實的，不擅交際，金錢支配比較無計劃，心中有理想，寧捨棄安逸、享樂生活而去追星，以致精神生活不安，有時為人意志消沉、缺乏動力，故諸事不順，多遇失敗以致身體病弱。中年後有發狂之象。但數理中有隱名之怪傑、偉人、烈士、孝子，或節婦也有出自此數。是一個愛恨分明，一生獲得少，幫助也少之數理，一生經歷漫長艱苦奮鬥，很難一夜之間成功。

○四五數　得分85分：草木逢春，順利安逸

此數溫和大方且人緣佳，很受人歡迎，看來性格較被動，容易獲得貴人幫助與提

拔，因興趣多但耐性差，所以常常是先苦後甘，出身雖不好，但能立定志業、善用智慧，有一切操之在我的決心，最終有所成就。但時運差時，有時常遇事不做決定就錯失良機，若與運強者合夥共事，較易施展才華，為人好面子，不計較小事，算是不錯之格。

×四六數　得分50分：艱難坎坷，易走旁門

此數為獨立、不怕艱苦之數，但此生事業不順，常遭變數而功敗垂成，為人意志薄弱，較易逢挫折，也易步入歧途，而身陷牢獄。一生難入順境，家族及六親緣薄，事業失敗等不幸，應以服務為重心，方可轉為幸運。此生須自立更生才能得財，一生中也難得到意外之財，能適應任何環境，當得意時，卻又容易受別人牽累或身體疾病的打擊而必須從頭再起，真是命苦。

○四七數　得分88分：進退得宜，大業可成

一生中平順過日，凡事能心想事成，人際關係和諧，偶遇困難，貴人會來協助，在生活過程中常能逢凶化吉，做事總能脫穎而出，凡事剛開始時有拘束不如意，但時

機成熟時自能出人頭地，家庭美滿、子孫賢孝之大吉數。

一生交際廣，樂於助人，雖花費大，但財運豐，對部屬寬厚，擅長為人排解糾紛，在外人緣特好。女人如有此數，出身名門多才藝，少女就有很多人追求，並容易與富貴人家結成親家，生活美滿令人羨慕。

○四八數　得分79分：德智兼備，溫和仁厚

此數為容易間接掌握大權，做事能腳踏實地，雖不出名但負重任，為幕後功臣是也，一生專精策劃與協調，是一個足智多謀之人，是為軍師之格。但為人性情沈穩，是一個有計劃、有策略之人才。最好做謀士、顧問之工作，很適合與果敢勇斷之士合作。一生貴人多，能受器重、受提拔而得以一展長才，樂於助人外緣好，重享受，用錢大方沒什麼計劃，財雖多，但開銷也頗大。

╳四九數　得分50分：無根浮萍，天意弄人

此數為一生如浮萍，居無定所多生變動，生活容易陷入苦悶，創業過程總徘徊在不安定中，意識主觀強、恩怨分明性急缺乏耐性，做事常常半途而廢，一生很難得到

別人幫助。

此數為不定之數，忽東忽西、時南時北飄動不定，是為吉凶不定之數。平常如不知開源節流，常為錢苦。女人有此數，戀愛多阻礙，情路多不順，婚後不太美滿，宜相忍為上。

△五十數　得分56分：先成後敗，曇花一現

此數容易在巔峰時突然走下坡，一切好景不常，凡事應退守為吉，持盈保泰，以維持良好局面，一生溫和、謙虛待人，評價甚高，貴人多助，容易成名，但往往因自滿，而嘗到失敗，幸貴人多助，才能夠東山再起，為人外表上看似有魄力，而內心卻柔弱，易走投機路線，易造成好景不常。會有六親緣薄、事業失敗等之象，如以道德為重或能轉為幸運。女人有此數，事業心強、責任心重，能得上司器重。但易疏忽家庭生活，夫妻關係較欠圓滿。

△五一數　得分66分：浮沈不定，難以守成

此數為理想高，能奮力達成願望，不畏辛苦，能少年得志，享有聲望，對部屬要

求甚嚴之數，人生較不擅處理人際關係，如不妥善處理容易陽、陰互剋，物極必反，產生樂極生悲之象。早年就可享天賦異秉福分，無奈中年後即陷入落魄、困苦之境遇。

為人性剛、驕傲，易失人和，請好自為之，一生若能獨立奮鬥就能事業有成，因為人不重享受，把工作當娛樂，能享受工作樂趣，陶醉在其中。

○五二數　得分83分：先見之明，精幹之才

一生會為理想而勇往直前，為人聰明能幹、眼光獨到，能為別人所不能為之，能洞察先機，能見機行事，因之易得機會，一躍成功，博得名利雙收，有鯉魚一登龍門之象。中、晚年則需小心，因待人很溫厚，常有貴人來助，可惜容易受制於意外事故，有一些事無法如願。

女孩如有此數，家庭圓滿幸福，謙恭有禮，不要把精力放於家中成員，偶爾也需對自己好一點。

╳五三數　得分50分：外強中乾，艱辛困苦

此數為早年順利發展，晚運略為衰微之數，易遭受失敗打擊而自暴自棄，雖能東山再起，卻不積極掌握住它。外表雖風光炫耀，其實經濟拮据，可謂是富屋貧人之象。有此數家人容易不合。人事處理不好，財物容易散盡，容易陷入逆境。在工作上喜歡指揮別人，早運出類拔萃，養成妖嬌氣息，中年一旦受打擊便不易改變自己習性，自甘墮落，排斥他人的幫助，以致一蹶不振。

×五四數　得分48分：內憂外患，障礙重重

此數為理想太高，超越現實之數，因有憤世嫉俗之個性，所以漸漸不容於社會，而只能孤芳自賞，有時會為疾病煩惱、精神疲累、有志難伸，是鬱鬱不平之數，凡事多阻礙而難成就大事業，有時易與人不和，或有身受意外變故之不祥數。大凡前運略佳但後運不好。為人性情冷僻、剛強自持，久而久之就會與社會隔絕，請多想清楚，這樣對嗎?女人有此數，身體可能會變差，常為家運操煩，子孫恐怕難出頭。

△五五數　得分67分：外觀昌隆，內隱禍患

此數為外柔內剛之數，一生貴人多助，凡事能按部就班，能實現理想而致成功；

然此數五為陽之極，陽極加陽極，不但失去陰陽調合，且物極必反，該多接觸雙數即可中和。外觀看似風光得意，內心卻充滿辛酸，不如意之事層出不窮。若有堅定心志，忍耐努力，後運也許可以漸入佳境。容易為他人之事勞心，一生中耐力強，能由基層做起而得到長上提拔的機會。女孩得此數，早年勞苦，中年後能有機會大展鴻圖。

╳五六數　得分48分：優柔寡斷，保守無能

得此數在創業過程中易遭逢多方阻礙，難獲長輩庇蔭，需靠自行發展，白手起家，早運辛苦，行事不順，因而容易遭突來的打擊而失敗，前途黯淡。

個性柔弱，耐性稍差，一遇挫折便失去信心，好像缺乏進取之精神，難成就大事業。宜養成堅忍不屈之個性，發奮努力到底才能成功，也因親朋好友助力少，也容易受他人牽累而造成損失。

○五七數　得分87分：不屈不撓，時來運轉

早運較差歷經層層磨練，中年後就能得獲財富與地位；待人嚴肅且要求高，部屬

容易受不了。一生中不重生活享受，展現堅強意念，故為人有魄力與耐心，能克服艱難環境，爭取成功，受人讚賞，因天資聰明、積極且外向，克服困境終獲成功；全心全意放在事業發展上一定有一番成就，唯人際互動稍欠和諧。

女人有此數，婚後喜歡經營屬於自己的天地或參與丈夫事業，屬幫夫型，不喜歡做全職家庭主婦喔！

△五八數　得分66分：浮沈多端，先苦後樂

此數為早年環境多變之數，中年以後才比較容易成功，前半生事業方向較不穩定，歷經數種行業磨練，中年後用心奮發、腳踏實地，終能闖出一席地位，頗有失而復得之象，一生中大致先遇上破財意外之後，因具有不屈不撓之鬥志，得以重建家業，終生安樂之數。雖然才智高，但博學不專，因待人誠懇，朋友頗多，一生受到朋友幫助很大。女人有此數，桃花較多，異性緣好，容易與富貴人家結親，家庭幸福和樂。

╳五九數　得分44分：猶豫不決，半途而廢

為人性急，理想高不屈人下，容易與別人發生是非糾紛，造成意外麻煩；為人也不安於現狀，慾望大時，時時在求變化，因急躁、耐心不足之個性所以易遭失敗。

雖多才多藝但為人缺少膽識，遇事遲疑不決，因之無法成就大事業。如遇有困難即裹足不前，缺乏進取精神，以致無法成功，身體方面較差，容易有外傷，人際關係較不好，不易得到別人幫助，若能放下身段，中年以後運勢可望好轉。

╳六十數　得分54分：心迷意亂，無勇無謀

具有強烈不服輸心態，一生想追求投機行業，很容易受到意外打擊造成困擾，天生具反抗心，常違背長上，不聽規勸；以致黑雲罩月光芒難現，一生中意志不甚堅定，隨興而發，人生毫無計劃，以致無所成就，也易招損失財物，陷入困苦、煩悶之境。

個性孤傲與人寡和，容易有自閉傾向，形成事業困境，易遭意外、財損，造成心情空虛，也容易有桃花糾紛。女人有此數，容易堅持己見與家人唱反調，造成家庭氣氛不協調以致感情疏離。

○六一數　得分88分：修德養性，奮發向上

此數為勤勞奮發、自主獨立之數，待人寬厚、樂於助人，能勇往直前不畏艱苦，能在社會上建立良好事業與財富；坐收名利、富貴榮華之吉運數，無奈為人太過豪邁、剛毅以致稍欠人和，故宜修心養性，宜保持人和，即可享天賦之福。有時候有利己主義，不擅交際應酬，一生多靠自己，別人助力少，身體健康，不重享受，一生無大災難。

╳六二數　得分50分：欠缺誠信，難得貴人

此數為智慧高超、反應靈敏之數，個性叛逆、一意孤行，但缺乏領導魄力及手腕，因此往往在理想付諸實現時，易有人事不協調困擾。屬天地不交、萬物不通、內柔而外剛之格，表裡不一善掩飾，有失信用，易與人不和，運途閉塞困頓。

有時待人寬厚，但耐心卻不足，做事容易半途而廢，易遭小人陷害造成損傷。如果能不擔任實際執行或領導的工作較易成功。為人好面子，一生盡力求表現卻未能評估自己能力，容易外華內虛，必須改進。

○六三數　得分80分：賢能有德，諸事如意

此數為進取向上、理想高、喜歡當頭頭之數，凡事都能逐一達成，功成名就發揮長才，生性外向、好動且寬厚，樂於助人，交遊廣闊，朋友多助，不需勞苦傷神而能諸事如意，此數乃天之所賦也，很好很好。但是有時容易不安於現狀，會有創新的想法，也能求新、求變，真是天生老闆人才。在身體健康方面沒問題，事業成功、子女賢孝是也。

×六四數　得分44分：剛愎自用，半途而廢

本身雖很有才華，但因循怠惰過於安逸而頹廢不振，喜歡不勞而獲終致失敗，會有陰暗、沈淪之象，大都出身貧窮家庭，或有待其重整家園之運數，如不力圖振作岌岌可危，無奈為人缺乏進取心，一意想改變也欲成就事業，卻無魄力，終生不得志。心思變化雖靈敏，惟執行力較差，缺乏活動力，為人自尊心強，易受別人誤會，不能忍受輕微挫折打擊，易半途而廢，缺乏恆心，身體欠安，無法從事辛苦工作，如能得到貴人牽成，則可平實過一生。

○六五數　得分87分：廣結善緣，富貴康壽

此數為事業有成、家庭歡樂圓滿之數，思想新穎且多變化，前途光明通達，功成名就受人尊敬，顯貴之吉運數。為人忠厚誠實、待人和藹，具有天賦福分，家門顯貴、福祿、吉祥，為人宅心仁厚，待人寬、律己嚴，一生長上、貴人多助，親友關係圓滿頗受好評，子女賢孝有成。

女人有此數，婚姻幸福美滿，身體健康財運佳，真是令人羨慕。

×六六數　得分48分：有志難伸，外失助緣

個性固執而理想卻高，一生中不容易獲得別人幫助，自己又缺少魄力及手腕，容易陷入失敗中；凡事力不從心，身體較虛，六親緣薄，容易誤信人言或遭小人陷害，勞心勞力，有志難伸，性格稍頑固，以致內外不和，影響信用，屢受艱難挑戰，終身難有所成。不如安分守己找個固定工作，尚能平安過日。

○六七數　得分88分：八面玲瓏，自立興家

做事善於變通也善攻於外交，更能察言觀色，具有領導天賦，隨和且大方，注重

生活品味但稍愛面子，能獲眾人擁戴，在工作場合很早就能當上主管或老闆，好運連連，有開創新局之氣魄，凡事能如意，終能靠白手起家亦能成功立業。財雖豐但健康稍差，易有內疾外傷的困擾。女人有此數，個性強，掌握家中經濟大權，喜歡發號司令，是為女強人是也。

○六八數　得分80分：聰慧靈敏，創造發明

為人聰慧靈敏，個性堅忍固執，意志堅定，能從基層做起，建立事業，早運比較辛苦，中年運後貴人來助，從此能平步青雲，財富、名望水到渠成，為人慷慨大方，深受部屬擁戴，為賢達進展之吉數，為人善察言觀色，意志堅定，能提振家聲。尤具發明才能，貢獻社會。一生財運豐碩無大災，能健康長壽。

×六九數　得分43分：時運不濟，動盪不安

一生意外多，理想高，生活苦悶，事業、身體多受打擊，難有所成就，性急又缺乏耐性，自視高，人際互動差，常陷自己於孤立無援中，為浮動不安之數，一生不安於現況，事業又多陷於泥沼中，以致失意之餘，有病弱或精神恍惚之象。運程不佳容

易與人有財務糾紛，心力交瘁，容易陷於愁困之中。

女人有此數，一生多意外，婚後多摩擦，容易捲入其他是非糾紛中，應該多注意。

╳七十數　得分45分：紛爭不斷，坐困愁城

此數易與親友有糾紛之象或不幸之事牽連，常陷入愁苦不平中，無法面對現實重新振作，為人心急又好虛榮，對平靜之生活沒興趣，然缺乏忍耐力，做事多半中途而廢，屢做屢敗，因之身體較差，雖有助人之心，但往往自顧不暇，而易遭意外損失，如處理不當親友易反目，終身無法擺脫心靈創傷。

△七一數　得分65分：沈於安樂，難成事業

外表堅強，內心軟弱，一生會為理想勇往直前，容易功成名就，待人誠懇，一生長上、朋友多助，天生是享福之數，本可享受榮華富貴，無奈因為人缺乏持續力，又無忍耐之心，以致無法守成，尤其擁有此數之人常常是杞人憂天、庸人自擾、悶悶不樂，像是不祥之數。

一生擅為他人排解紛爭，受眾人愛載，身體強健、精力旺盛，容易得到現成基業。

△七二數　得分63分：短暫幸福，難以安順

個性柔弱卻又倔強，早年生活安逸、享受，猶如溫室之花朵，不堪打擊容易屈服、頹廢；頭腦聰明，卻博學少精，為人好面子，會有眼高手低之象，若無貴人提拔不易成功。此數為風雨欲來之象，財到劫來，福至禍臨，乃為吉凶相隨之運數，因此一起一落最終無所成就。宜多接近權貴，遠離小人，見機行事，也許有所成。身體較弱，容易勞累，也容易精神衰弱，該多注意身體。

○七三數　得分70分：志高性善，勤能補拙

為人保守型，謙讓、處事不積極，雖有創業頭腦但不一定能成功，一向謙虛向學樂於助人，外緣良好，安享平穩生活，但在工作上喜歡指揮別人而放不下身段。

一生想衝事業但因缺乏進取心需要有人鞭策，徒具大志，以致平平凡凡度過人生，不錯了。也很注重精神修養與嗜好，子女賢孝有出息。

×七四數　得分45分：入不敷出，無能為用

為人膽小且無能又會依賴他人，精神生活不安定，如不學習獨立很難在社會上立足，此運屬晚熟型，對長上充滿依賴心，心情陰晴不定，內心空虛，為人既無聰明才智，又缺乏進取心，凡事無力自行決定，常受制於人而動，故一生難有成功機會，到老恐陷入淒涼地步。如果意志不堅容易半途而廢難達成功境地，很難在社會上有所成就。

△七五數　得分60分：急性躁進，保守得安

外看似溫柔，但主觀甚強，思想新穎且多變化，口才也很好，容易被評為鋒芒太露，對學術、藝術具有天分，是一個博學多聞自視高之人，容易不知不覺中刺傷人，造成自己的孤立。此數屬保守平安數，有勇無謀、無計劃之能力，又缺乏主宰力，以致易受他人利用，若能保守不動，尚可保安，一生財運平平，如花費太大，容易為錢所苦又不屑向人低頭。

×七六數　得分40分：內外失和，破敗之象

此數可能會有思想荒誕、脫離現實之象，一生挫折多，親友緣淡薄，一生需靠自己養活自己，本身自視高又缺乏耐力，做事常會半途而廢，一生中常換工作，勞碌一生，多外傷或法律糾紛，為人無遠大的抱負，又缺乏思慮，以致信譽、地位、事業都無法成功。

△七七數　得分68分：樂極生悲，反求諸己

一生勞碌、性急，容易因誤信他人而受騙，幸好一生無大破敗，此數為吉凶參半之數，由興盛轉為衰敗，性情過於剛強，處事又很隨興，比較不能聽取他人意見，以致易生不和，造成人生的傷害。健康良好財運豐，能吃苦耐勞唯欠圓滑，熱心助人卻得不到感激。女人逢此數，大都為職業婦人，婚後家庭、事業兩頭兼顧，卻不以為苦。

△七八數　得分66分：華而不實，晚運欠佳

此數為腳踏實地、堅忍不屈之數，早運先盛後衰，中年以後漸漸失去原有成就恢復平淡。吉中有凶，為人頗有智能但也固執，在前運時有發展機會，可惜運入中年之

後，即陷入不佳境遇。故中年後宜謹慎、安分守己，自可無憂。待人不夠圓滿，聰明反被聰明誤，得意時門庭若市，失勢後門可羅雀，晚運健康稍差。

╳七九數　得分55分：傲慢無信，欲振乏力

一生中充滿理想，但內心卻消極退縮，缺乏進取之心，擁有此數此生不易有所作為；為人好逸惡勞，若無貴人提攜容易隨波逐流，一生中知攻不知守，一意孤行，有唯利是圖傾向，缺乏信用，以致易生不和，信譽不保，陷入失敗地步。為人心善柔弱，與人交往寧願吃虧而不與人爭，稍愛面子，人際關係尚好。

╳八十數　得分50分：運勢漸退，吉星遠離

總覺得空虛、寂寞，人生在創業過程考驗較多，不善事業經營、不能獲利最終將敗。此數有運勢退氣之象，事業失敗，一生容易遭遇困苦，病痛、刑傷，如能及早退守安分受顧於人，尚可保持小康，如理想過高，則會與人格格不入，自命清高不凡，容易被社會大眾摒棄，造成精神空虛與不安。

○八一數　得分90分：天官賜福，福壽綿延

還本歸元，故數理之靈動與基數一相同，乃大吉祥之數也。一生平順，自助、人助、天助，能從基層做起建立偉大事業，也能克服各種困難轉化命運，廣受尊重。為人寬宏大量，樂於解決別人困難，能獲眾人擁戴，贏得崇高威望與向心力。

女人有此數，會勤於表現各種才能，可能在少女時即有很多追求者，婚後會展獻所能，輔助先生事業成功，成為內外兼顧的賢內助。

三才五格數理姓名學最容易學，只要按照八十一數各數去做查詢即可找到答案。

舉例說明

以下為簡明姓名三才五格數理論述：

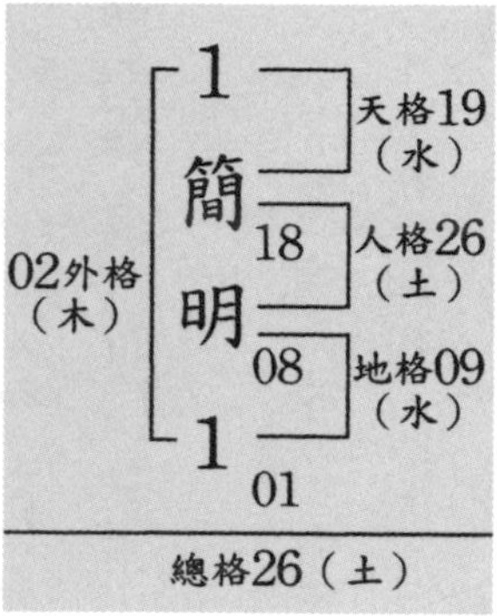

依你的姓名五格來論

總格數：26

總格的吉凶也代表一個人一生的成就及結果，尤其是四十九歲以後的運勢，不管外在或內在的表現均以總格來定優劣，所以總格為五格之首，千萬要慎重而為。

你的姓名運為以下論述：

╳二六數　得分45：半吉半凶，千變萬化

生命過程兩極化，徘徊在黑暗與光明之間：

一是：意志不堅者易臣服於逆境之下，富有俠義精神，常遇駭浪驚濤，最後能尋到生機，但意志軟弱者，隨波逐流，困守愁苦之境，此數含有放縱、淫亂、固執等不祥之兆。

二是：亦有怪傑、名人、政要、孝子出自此數者。此格多出英雄、志士、烈女，需有超強意志忍受煎熬方能成功，常人勿用，以免弄巧成拙。

天格數：19

天格的吉凶會影響到人的思想、智慧、名望以及父母親、長輩、長官等等人際關係。流年運不好時，易犯頭痛，會頂撞上司、離職，容易做出錯誤的決定。

你的姓名運為以下論述：

╳十九數　得分40：多才多難，前途受阻

為人雖多才多藝且頗有智能，足以建立大業，博得名利，但中途多遇挫折以致有前功盡棄之嘆，人生是屬獨立早熟型，事業、身體易遭損傷，或捲入是非糾紛而留下錐心的痛苦經驗，很多事都功虧一簣，有內外不和之象發生。然亦有富翁、偉人出自此數者；為人想像力豐富，對哲學、宗教、設計有良好天分。

人格數：26

人格的吉凶會影響到一個人的性情、婚姻、兄弟姐妹、健康、情緒、內心世界。流年運不好時，夫妻易有口角，感情有第三者，情緒很不穩定，身體狀況不佳。

你的姓名運為以下論述：

╳二六數　得分45：半吉半凶，千變萬化

生命過程兩極化，徘徊在黑暗與光明之間：

一是：意志不堅者易臣服於逆境之下，富有義俠精神，常遇駭浪驚濤，最後能尋到生機，但意志軟弱者，隨波逐流，困守愁苦之境，此數含有放縱、淫亂、固執等不祥之兆。

二是：亦有怪傑、名人、政要、孝子出自此數者。此格多出英雄、志士、烈女，需有超強意志忍受煎熬方能成功，常人勿用，以免弄巧成拙。

地格數：9

地格的吉凶會影響到一個人的工作運、財庫、部屬關係、子女關係、配偶關係。流年運不好時，感情容易出問題，合夥生意不佳，下屬容易犯錯，財運不佳，財庫破損，小孩易交壞朋友。

你的姓名運為以下論述：

╳九數　得分50：有財無運，情關難過

一生雖理想高，但容易失敗，有時有志難伸、知音難尋，容易超越現實不易容於社會。意志不很堅定，行動舉止比較輕浮，是為孤苦無依之數，一生戀愛運、親友運差，較難得到身邊之人的幫助，且常陷於是非糾紛之中。

倘能在失敗挫折中潛心學習，或能在藝術、宗教、五術哲學領域中，漸漸得到成功發展。

外格數：2

外格的吉凶會影響到同事、朋友的生活對待，以及生意夥伴之間的互動狀況，取名時盡量以吉數為要。

你的姓名運為以下論述：

╳二數　得分45：動盪不安，力弱無援

此數為萬事、萬物生長之數，但有形無氣、柔順、無能，有無力之靈意，為人性柔順、重利、被動，欠缺創新的思考能力，個性判逆，遇事堅持己見，但無獨立氣魄。

以下解釋為「簡明」姓名五格間之互動而產生的情形請參考。

◆人格剋天格應該會有這種現象

老是給長輩出狀況，天生的叛逆型，主觀意識強烈，「只要我喜歡，有什麼不可以」的心態很重，對於父母、師長的教誨往往不能服氣，總是我行我素，不過內心裡也未必不孝順，或者可說屬於「孝而不順」型。

人格剋地格

◆從表象看來會有以下現象

充滿大男人主義的味道，子女的體質較弱，病痛也較多，常在子女的照顧上煩心，在表現面又好像很照顧子女，唯令人感受不到照顧子女的心，不過並非代表不關心子女。

行事風格較具侵略性，對別人要求較高，對部屬而言，屬於一絲不苟、嚴厲型的主管，家庭方面也是權威十足，對於各種求財的慾望強、籌劃多，為人私心較重，巧言令色，喜居上位驅使別人，具有強烈大男人主義，主觀強、固執己見，喜以命令口吻做事。

外格剋人格

◆以對外的角度會有以下現象

為人已經是低聲下氣了，很奇怪就是交不到知心的好朋友，好像誰都是他的債主，經常被朋友拖累。好事沒分，倒楣、麻煩事一堆，有時破財還不一定消得了災，更奇怪的是發生過的事已受到教訓，然而毫無自知之明，又經常往火坑裡跳。不應碰的卻偏喜歡去碰，每每吃力不討好，又得不到人家的感恩圖報，滿慘的。

總格人格和

◆對事情的判斷會有以下現象

是一個說到做到且表裡如一的人，為人坦率，不會做作，也不喜奉承，與人交往時，或許無法得到立即的認同，但好酒是愈陳愈香，最後一定會得到認同，為人信用很好，每每言出必行，不會打折扣，所以可以取得人家的信任，適合自行創業，雖然不是一炮而紅的型，但也能順順利利地一步一步邁向成功之路。

地格生外格

◆家庭成員對外面的感受會有以下現象

本該在家中有很好的享受，卻禁不起外界的誘惑，受其影響而勞碌、奔忙，喜往外及接受大自然，認為外面燈紅酒綠世界較有趣味，虛華而不實在。有外國的月亮似乎較圓的感慨，喜往外輕鬆一下。

以上論述是由本書所附之姓名學軟體之另一版本（專業版本所論述之案例）。

第六節　三才五格數理姓名學，各格五行之定位標準

各格筆劃數之個位數如為1、2五行屬木；3、4五行屬火；5、6五行屬土；7、8五行屬金；9、0五行屬水。

五行相生——木生火，火生土，土生金，金生水，水生木。

五行相剋——木剋土，火剋金，土剋水，金剋木，水剋火。

至於命名部分也很簡單，熟記上述五行生剋自然可以命出一個好名。

只要將姓名五格之吉祥數理排出且所選出的五行部分（盡量用天格生人格、地格生人格、總格生人格之組合最佳）

如果你沒把握自行命一個好名，那請你挑出喜歡的名字，再一一輸入本書所附贈的姓名學軟體，讓電腦來幫我們篩選出一個最佳的名字。

因版面篇幅關係無法將各種姓名學中該注意事項全編在本書中，所以將其搜集在軟體中，建議可打開參考、參考。

最後勉勵語：

人家說：

一句話能逗人笑，一句話能惹人跳。

（如果是你，要選哪一句話？）

不會燒香會得罪神，不會說話會得罪人。

（如果是你，說話要不要注意一點！）

菜不合意少動筷，人不合意不開腔。

（如果是你，請不要沒事找事煩！）

見著禿子不講瘡，見著瞎子不講光，

見著先生要說書，見著屠夫要說豬。

（這句話表示見人如果說人話，你就會很有人緣ㄛ！）

人家又說：

一等二靠三落空，一想二幹三成功。

（如果是你還會再等待嗎？衝、衝、衝，成功就等您ㄛ！）

國家圖書館出版品預行編目資料

學姓名學，這本最好用／黃恆堉、呂偉嘉著.
——第一版——臺北市：知青頻道出版；
紅螞蟻圖書發行，2005.9
面；公分——(Easy Quick；56)
ISBN 978-957-0491-47-0（平裝附光碟）

1.姓名學

293.3　　94016154

Easy Quick 56

學姓名學，這本最好用

作　　者／黃恆堉、呂偉嘉
校　　對／楊安妮、周英嬌、黃恆堉
發 行 人／賴秀珍
總 編 輯／何南輝
出　　版／知青頻道出版有限公司
發　　行／紅螞蟻圖書有限公司
地　　址／台北市內湖區舊宗路二段121巷19號（紅螞蟻資訊大樓）
網　　站／www.e-redant.com
郵撥帳號／1604621-1　紅螞蟻圖書有限公司
電　　話／(02)2795-3656（代表號）
傳　　真／(02)2795-4100
登 記 證／局版北市業字第796號
法律顧問／許晏賓律師
印 刷 廠／卡樂彩色製版印刷有限公司
出版日期／2005年9月　第一版第一刷
　　　　　2020年11月　第十三刷（500本）

定價 320 元　港幣 107 元

ISBN 978-957-0491-47-0　　Printed in Taiwan